EL
ESPÍRITU SANTO

UNA INTRODUCCIÓN

EL
ESPÍRITU SANTO

UNA INTRODUCCIÓN

JOHN BEVERE
CON ADDISON BEVERE

WHITAKER
HOUSE
Español

Querido Amigo,

Usted es el gozo de Dios y el deleite de Su corazón. Su más grande anhelo es que usted lo conozca. Mientras su relación con Él crece, Dios lo invita también a asociarse con Él en el avance del reino de los cielos aquí en la tierra. Como dijo el Apóstol Pablo:

> *"Él nos creó de nuevo en Cristo Jesús, a fin de que hagamos las cosas buenas que preparó para nosotros tiempo atrás"* (Efesios 2:10 NTV).

Como hijos de Dios, todos deseamos complacer a nuestro Padre. Sin embargo, se nos hace tan fácil pasar por alto lo que Jesús mismo hizo tan claro: que el poder para llevar a cabo los planes de Dios viene a través de una amistad íntima con el Espíritu Santo. Dios no quiere que usted simplemente trabaje para Él, sino que le invitó a trabajar con Él. Él quiere ser su mejor amigo para compartir cada momento de su vida. Él está dispuesto a hablarle, animarle y darle poder. No hay mejor relación que la que Dios le ofrece a través de Su Espíritu.

El Señor ha conmovido mi corazón para compartir este mensaje con usted y con colegas en el ministerio alrededor del mundo. Por favor, recíbalo con todo mi amor y apoyo. Compártalo con todo el que conozca. Yo creo que será el comienzo de una profunda y duradera comunión con Dios para usted y para los que dirige.

Si usted es un hijo de Dios, el Espíritu Santo ha prometido no dejarlo ni desampararlo. Su amistad es gratuita y está disponible para usted.

Las verdades que contienen estas páginas han transformado mi vida, y es mi oración que usted también experimente una revelación radical mientras navega por la Palabra de Dios. Me encantaría escuchar cómo este mensaje ha impactado su vida, y las de los que están a su cuidado.

Su hermano en Cristo,
John Bevere
JohnBevere@ymoil.com

Diseño de portada:Heather Huether
Traducción del manuscrito por: Chaney García
Traducción de los Devocionales por:
Belmonte Traductores
Manuel de Falla, 2
28300 Aranjuez
Madrid, ESPAÑA
www.belmontetraductores.com

Editado por: Ofelia Pérez

El Espíritu Santo
Una Introducción
ISBN: 978-1-62911-756-0
Ebook ISBN:978-1-62911-757-7
Impreso en los Estados Unidos de América
©2016 por John Bevere

Whitaker House
1030 Hunt Valley Circle
New Kensington, PA 15068
www.whitakerhouseespanol.com

Publicado originalmente en inglés. The Holy Spirit: An Introduction
© 2013 Messenger International ISBN 978-1-93318-583-5
www.MessengerInternational.org
Por favor, envíe sugerencias sobre este libro a: comentarios@whitakerhouse.com.

1 2 3 4 5 6 7 8 9 10 11   22 21 20 19 18 17 16

RECONOCIMIENTOS

A mi esposa, hijos y nietos. Cada uno de ustedes es un regalo de Dios y ha enriquecido mi vida. Los amaré por siempre y para siempre.

A mi hijo, Addison, tu fe y arduo trabajo han enriquecido este mensaje del Espíritu Santo. Sin tu ayuda, simplemente no hubiera sido lo que es.

A Jaylynn, gracias por tu diligencia en pulir este mensaje a través de tus excelentes destrezas para editar. Tus esfuerzos ayudaron a proveer claridad y estructura al mismo.

A Vincent, gracias por tu arduo trabajo en ayudarnos a crear los devocionales. Tu trabajo es verdaderamente único.

A los miembros del equipo de *Messenger International* y sus socios, gracias por apoyarnos a Lisa y a mí. Dios no nos pudo dar mejores amigos, verdaderos y leales, para llevar a cabo esta jornada, donde estamos alcanzado a las naciones del mundo con el glorioso evangelio de Jesucristo.

Sobre todo, gracias a Ti, Dios Padre, por Tu amor incondicional; a Jesús, mi Rey, por dar Tu preciosa vida; y a Ti, Espíritu Santo, por tu grandioso poder, consuelo, enseñanza y comunión intima. Gracias por no dejarnos ni desampararnos.

CONTENIDO

Introducción por Addison Bevere   11

1. ¿Quién es el Espíritu Santo?   15

2. La personalidad del Espíritu Santo   53

3. Tres niveles en una relación   91

4. Empoderados por el Espíritu Santo   125

5. El lenguaje del Espíritu   169

Capítulo de bono: Preguntas y respuestas   213

Apéndice: Cómo recibir la Salvación   235

Notas   237

INTRODUCCIÓN

Cuando mi papá me preguntó si le ayudaba con este libro, me sobrecogió un sentimiento de duda. Pensé: "Probablemente no ha orado acerca de este asunto todavía". Francamente nunca me miré como un candidato digno. De hecho, de solamente pensar en lo que me había pedido, sentí que una competencia de baile había tomado lugar en mi estómago.

Respetuosamente le pedí que considerara algunas alternativas, y que pasara un poco más de tiempo en oración acerca del asunto (tal vez un año o dos). Sin embargo, después de un día de oración él estaba más convencido y seguro de que yo era la persona para la tarea. Para él, es muy importante que el Espíritu Santo no se convierta en un tabú para las generaciones más jóvenes, y valora mi opinión como alguien que está en sus veinte y tantos años. Mi papá y yo sabemos que muchas personas – jóvenes y ancianas – evitarán este tema si no entienden quién es el Espíritu y cómo opera.

Así que, independientemente de mis dudas, ¿cómo podía rehusar su petición? Fui movido a aceptar. Lo que sucedió en el transcurso de esta jornada fue algo que solo podría describir como un cambio de vida radical. Comencé a ver las Escrituras bajo una luz nueva mientras Dios abría mis ojos a las maravillas de Su Espíritu. Inmediatamente descubrí que el Espíritu Santo es la persona más malinterpretada en la Iglesia. Un sinnúmero de etiquetas y estereotipos se le han asignado, pero pocos lo conocemos como verdaderamente Él es.

El propósito de este libro es facilitar una introducción de la persona del Espíritu Santo, llevándole en una jornada a través de las Escrituras. Aspectos de este libro parecerán un reto, pero le prometo que la jornada valdrá todo el tiempo y energía que usted invierta.

Mientras lee las palabras en estas páginas, pídale al Espíritu Santo que lo guíe a toda la verdad. Él removerá toda creencia que no esté fundamentada en Su Palabra. Usted descubrirá que Él no "pertenece" a una denominación o movimiento, y que no puede ser confinado a una edad o generación. Él ha sido enviado para revelar a Jesús y empoderar a todo el Cuerpo de Cristo. Él ha hecho de nuestros corazones Su morada, y ha prometido sacar lo mejor de nuestras vidas. Todo lo que tenemos que hacer es darle el control a Él.

Usted no podrá encontrar mejor amigo ni compañía. El Espíritu Santo le acompañará fielmente en todas las luchas y alegrías de su vida. Él ha prometido no dejarle ni desampararle jamás, porque usted es Su pasión y deleite. ¡Alístese para descubrir al que podemos definir como maravilloso!

Addison Bevere, COO, *Messenger International*

Ahora todos podemos tener acceso al Padre por medio del mismo Espíritu Santo, gracias a lo que Cristo hizo por nosotros (Efesios 2:18 NTV).

Pero el Ayudador (Consolador, Defensor, Intercesor- Consejero, Sustentador, Pilar), el Espíritu Santo, Quien el Padre enviará en Mi nombre [en Mi lugar, para representarme y actuar en mi lugar], Él les enseñará todas las cosas. Y Él les ayudará a recordar todo lo que les he dicho (Juan 14:26 AMP traducido directamente del inglés).

ACERCA DE ESTE LIBRO INTERACTIVO

Este libro debe ser leído de principio a fin, como cualquier otro. Sin embargo, le animamos a explorar opcionalmente los siguientes elementos de interacción:

Cada capítulo de este libro está dividido en cinco lecturas sugeridas, una por día. Usted puede escoger completarlo en lecturas diarias, o lo puede leer a su propio paso.

La sección al final de este libro es un capítulo de bono que presenta respuestas a algunas preguntas desafiantes acerca del maravilloso Espíritu Santo de Dios.

– 1 –

¿QUIÉN ES EL ESPÍRITU SANTO?

DÍA 1

En una tarde de Año Nuevo fui movido con la urgencia de orar y ayunar. Le pregunté al Señor: "¿Cuál libro de la Biblia debo leer?". Para mi sorpresa, escuché: "El libro de los Hechos".

¿Por qué me sorprendí? Porque en la última ocasión cuando había estado en ayuno y oración, recibí la misma instrucción: "Lee el libro de los Hechos". Durante este período de tiempo lo que me llamó la atención fue el conflicto entre la dirección y el propósito en la vida del Apóstol Pablo, y las consecuencias dolorosas del mismo. Permítame explicar.

Pablo fue escogido por Dios para predicar el evangelio a los gentiles. Él dijo: *"del cual yo fui constituido predicador, apóstol y maestro de los gentiles"* (2 Timoteo 1:11). Esta es una dirección específica y enfocada. Él repitió esto varias veces en el transcurso de su vida. Al comienzo de su primera jornada apostólica, le dijo a los judíos: *"Porque así nos ha mandado el Señor, diciendo: Te he puesto para luz de los gentiles"* (Hechos 13:47). Durante su segundo viaje declaró abiertamente: *"desde ahora me iré a los gentiles"* (Hechos 18:6). A los Romanos les escribió: *"yo soy apóstol a los gentiles"* (Romanos 11:13). Estos comentarios continuaron a través de todos sus escritos.

Sin embargo, el resultado del amor y deseo que sentía por ver a sus compatriotas judíos salvos, lo impulsó a buscarlos repetidas veces en las sinagogas en casi todas las ciudades que visitó. Él hizo un hábito de acercarse a los judíos antes de alcanzar a los gentiles. De hecho, el rechazo de su mensaje por parte de los judíos fue lo que dirigió a Pablo hacia los gentiles. Y vemos que la fuente principal de su gran persecución y problemas fueron los judíos. Ellos provocaban al pueblo, y creaban hostilidad entre el apóstol y los líderes gentiles. Las estrategias para dividir estaban detrás de casi todos los disturbios, arrestos, palizas y pruebas que Pablo enfrentó. Una nota importante: Dios está interesado profundamente por los judíos. Por eso es que Santiago, Pedro y Juan fueron enviados a ellos:

> De hecho, Santiago, Pedro y Juan —quienes eran considerados pilares de la iglesia— reconocieron el don que Dios me había dado y nos aceptaron a Bernabé y a mí como sus colegas. Nos animaron a seguir predicando a los gentiles mientras ellos continuaban su tarea con los judíos (Gálatas 2:9 NTV).

El mensaje que me fue revelado durante ese tiempo de ayuno fue extremadamente claro: "Hijo, quédate en la esfera de la gracia en la cual te he llamado a caminar. No permitas que tu amor o sentimientos naturales te desvíen de la tarea asignada sobre tu vida". Recordando este encuentro con tanta claridad, me sorprendió bastante que Dios me pidiera que leyera nuevamente el libro de los Hechos. ¡Después de todo había sesenta y cinco libros más para escoger!

Estoy tan feliz de haber obedecido, porque mientras leía el libro de los Hechos algo totalmente diferente captó mi atención, demostrándome una vez más que la Palabra de Dios tiene vida. Lo que resaltó al leer las páginas en este momento fue cuando los líderes y creyentes de la Iglesia primitiva interactuaban, dependían y hablaban sobre el Espíritu Santo. Él era una parte vital de sus vidas, y estaba involucrado en todo lo que hacían. Estaba siempre presente e involucrado en sus actividades, ministerios de alcance, reuniones de equipo, juntas de estrategias. Les presento solo un ejemplo de las muchas cosas que me tocaron:

- "(…) ¿por qué llenó Satanás tu corazón para que mintieses al Espíritu Santo, (…)?" (Hechos 5:3)

+ *"-¿Por qué se pusieron de acuerdo para engañar al Espíritu del Señor? (…)"* (Hechos 5:9 TLA)

+ *"Nosotros somos testigos de estas cosas, y también el Espíritu Santo (…)"* (Hechos 5:32 TLA)

+ *"(…) Vosotros resistís siempre al Espíritu Santo; (…)"* (Hechos 7:51)

+ *"Y el Espíritu me dijo que fuese con ellos (…)"* (Hechos 11:12)

+ *"(…) uno de ellos, (…), daba a entender por el Espíritu, que vendría una gran hambre (...)"* (Hechos 11:28)

+ *"(…) enviados por el Espíritu Santo, (...)"* (Hechos 13:4)

+ *"Porque ha parecido bien al Espíritu Santo, y a nosotros, (...)"* (Hechos 15:28)

+ *"(…) les fue prohibido por el Espíritu Santo hablar la palabra en Asia;"* (Hechos 16:6)

+ *"(…) intentaron ir a Bitinia, pero el Espíritu no se lo permitió"* (Hechos 16:7)

+ *"(…) Pablo estaba constreñido por Espíritu, (…)"* (Hechos 18:5 JBS)

+ *"(…) Pablo se vio obligado por el Espíritu a pasar por Macedonia (…)"* (Hechos 19:21 NTV)

+ *"(…) el Espíritu Santo me dice que en ciudad tras ciudad, (…)"* (Hechos 20:23 NTV)

+ *"Tengan cuidado de sí mismos y de todo el rebaño sobre el cual el Espíritu Santo los ha puesto como obispos (…)"* (Hechos 20:28 NVI)

+ *"-¿Recibieron ustedes el Espíritu Santo cuando creyeron? (...)"* (Hechos 19:2 NVI)

Palabras como estas resaltaban constantemente de las páginas. Lo que se me hizo claro es la triste y dolorosa realidad de que no estamos viendo el mismo patrón en la Iglesia hoy. Lo que era común entre los creyentes en Hechos es raro hoy. No hablo de la falta del Espíritu Santo en la vida de otros, sino primordialmente en mi vida. Mientras leía me di cuenta de que me había alejado de disfrutar, buscar, depender del liderazgo, compañerismo, interacción, y la influencia poderosa del Espíritu de Dios. Una vez que esto se me hizo claro, ¿cómo no lo voy a compartir con usted?

Resumen adelantado

Permítame adelantarle algunas declaraciones que verá con más claridad mientras nos adentramos en esta importante discusión:

Primero, básicamente no hay vida cristiana sin el Espíritu Santo.

- Sin el Espíritu Santo el cristianismo es seco, monótono y mundano.
- Sin el Espíritu Santo nuestro trabajo es agotador y aburrido.
- Sin el Espíritu Santo no hay comunión con Dios.

Removamos al Espíritu Santo de una iglesia, y una de estas dos cosas sucederá:

- Se transformará en un club social.
- Vendrá a ser una institución religiosa.

La verdad es que...

- No hay revelación sin el Espíritu Santo. De hecho, sin el Espíritu la Escritura se convierte en un arma letal; porque se nos ha dicho, *"la letra mata, pero el espíritu vivifica"* (2 Corintios 3:6).
- No hay visión sin el Espíritu Santo.
- No hay gozo sin Él.
- No hay paz sin Él.
- No hay libertad sin el Espíritu Santo.

> *Pues el Señor es el Espíritu, y donde está el Espíritu del Señor, allí hay libertad* (2 Corintios 3:17 NTV).

Mire las palabras *"donde está el Espíritu del Señor"*. Vamos a pensar en esto. El Espíritu del Señor es omnipresente; Él está en todo lugar todo el tiempo. David declara: *"¿A dónde me iré de tu Espíritu? ¿Y a dónde huiré de tu presencia?".* (Salmo 139:7). La respuesta es literalmente clara: a ningún lugar. David continúa escribiendo:

> *Si pudiera yo subir al cielo, allí te encontraría; si bajara a lo profundo de la tierra, también allí te encontraría. Si volara yo hacia el este, tu mano derecha me guiaría; si me quedara a vivir en el oeste, también allí me darías tu ayuda* (Salmo 139:8-10 TLA).

Está tan claro como el agua. Él está en todo lugar todo el tiempo.

Entonces la próxima pregunta que nos deberíamos hacer es: "¿Hay libertad en todo lugar?". Miremos nuevamente las palabras de Pablo: *"Donde está el Espíritu del Señor allí hay libertad"* (v.17). Hemos probado que Él está en todo lugar; entonces, ¿hay libertad en todo lugar? La respuesta a esto es, absolutamente no. No hay libertad en los prostíbulos, prisiones ni en los hospitales. Yo he llegado a vecindarios, escuelas, casas y aún iglesias donde no hay libertad.

¿Entonces qué es lo que está declarando la Escritura aquí? Esta sería una traducción más precisa:

> Donde quiera que el Espíritu es Señor, allí es donde hay libertad (2 Corintios 3:17, paráfrasis del autor).

La palabra griega para "señor" es "Kyrios". Se define como "suprema autoridad".[1] Al Espíritu Santo no se le permite tener autoridad en muchos de los bares, prisiones, hospitales, casas, y aún hasta en algunas iglesias. Donde Él es bienvenido como la suprema autoridad, ahí es donde vamos a encontrar libertad y justicia para todos.

El propósito de este mensaje

El propósito de este mensaje es presentarle la persona del Espíritu Santo. Volúmenes tras volúmenes podrían escribirse acerca de Él. Se podrían invertir días, meses y hasta años hablando de Él.

Yo he estado casado con mi esposa Lisa por más de treinta años. Tan bien como la conozco, sigo descubriendo aspectos de su personalidad, intereses, deseos y manerismos que nunca había conocido. Recientemente pasamos unos días a solas celebrando nuestro trigésimo aniversario. Durante ese tiempo, aprendí aspectos de sus sueños, preferencias y hasta habilidades que nunca supe que existían.

Hablando de habilidades, yo no tenía la más mínima idea del talento natural que posee Lisa para el golf. Ella sabe cuánto disfruto este deporte, así que se ofreció para acompañarme a un campo de golf precioso. (Aclaro que solo jugué un poco porque era nuestro tiempo juntos.) Había un desfiladero en el hoyo diecisiete. A mi esposa siempre le han gustado los retos, así que le pregunté si quería tratarlo. Tomaría un golpe de 150 yardas para llegar al desfiladero de 200 metros de profundidad. Si el golpe quedaba corto, la pelota se perdería en el mar. Encontré una pelota vieja para que Lisa la usara porque pensé que nunca la volvería a ver. Ella se paró, dio el primer golpe y apuntó unas 175 yardas hacia el otro lado. Después de treinta años de matrimonio, un talento nuevo había sido descubierto.

Durante las cenas de cada noche, Lisa compartió conocimiento, sabiduría y anhelos que nunca había compartido conmigo anteriormente. En resumen, yo estaba asombrado de cuanto más hay por conocer sobre esta mujer maravillosa a quien yo puedo llamar esposa.

Sería imposible compartir todo el conocimiento de Lisa en unos cortos capítulos, ni tampoco en volúmenes. Sin embargo, lo que sí les puedo decir es cómo contactarse con ella y conversar con ella. Puedo compartir lo que ella disfruta, sus intereses, y cómo trabajar e interactuar con ella. Les puedo hablar de sus áreas fuertes y de sus debilidades, de lo que ella ama y a lo que no le tiene interés. Darles una perspectiva de su conocimiento les serviría como un fundamento para llegar a tener una buena relación con ella.

Si me es imposible llegar a decirle todo acerca de Lisa, que solo tienes unas cuantas décadas de edad, entonces, ¿cómo podría yo hablarle completamente acerca del Espíritu Santo, el cual es desde la eternidad hasta la eternidad? ¡Simplemente no puedo! Lo que sí puedo hacer es presentarle quién Él es. Le puedo decir acerca de su personalidad, lo que le interesa y lo que Él ama. Puedo definir nuestra relación con Él y compartir algunas maneras en las cuales podemos interactuar y dedicarnos a Él. Puedo decirle por qué nuestra relación con el Espíritu Santo es de suma importancia, y cómo nos puede empoderar para cumplir el deseo de Dios para nuestras vidas. Estas ideas básicas le pueden impulsar en una relación con Él más profunda y con más sentido.

DÍA 2

Una idea muy equivocada

Hay un error que muchos cometen: tratan de entender el trabajo y el poder del Espíritu Santo sin conocerlo primero como una Persona.

Es crucial que establezcamos en nuestros corazones y en nuestras mentes si creemos que el Espíritu Santo es una persona divina, quien es infinitamente santo, infinitamente sabio, infinitamente poderoso, y todavía maravillosamente tierno, sensitivo y compasivo.

¿Creemos que es el que es digno de recibir nuestra reverencia, afecto, fe, amor, devoción y nuestra rendición total?

¿O simplemente creemos que el Espíritu Santo es una influencia que proviene de Dios, algún tipo de poder místico, no como el que pensamos y nos referimos como "el espíritu de generosidad" o "espíritu de competencia"?

Esta última opinión es superficial, cruda y hasta sectaria. Si creemos de esta manera, somos susceptibles a una espiritualidad arrogante y orgullosa, la cual nos llevaría a presumir como si perteneciéramos a un rango mayor de cristiandad.

Sin embargo, si lo vemos como infinito en majestad, gloria, esplendor, sabiduría, conocimiento y santidad, y si creemos que Él, como persona, está en completo acuerdo con el Padre y el Hijo para tomar posesión de nuestras vidas y hacer lo mejor de ellas, entonces caeríamos sobre nuestros rostros asombrados, y allí permaneceríamos.

Alguien que mira al Espíritu de Dios como una influencia o poder supremo diría constantemente: "Yo quiero más del Espíritu". Ahora, alguien que lo mira como una Persona maravillosa diría: "¿Cómo puedo darle a Él más de mí?".

Una de las razones por la cuales muchos perciben el Espíritu de Dios como una mera influencia en lugar de una persona, es en la manera que se ha hablado de Él. ¿Alguna vez ha escuchado a alguien referirse al Espíritu Santo como "una cosa"? Yo he estado en el ministerio por treinta años. Si a mí se me diera un dólar por cada una de las veces que yo he escuchado referirse al Espíritu de Dios como "una cosa", sería muy rico. Desafortunadamente, muchos de nosotros nos perdemos la plenitud de Su presencia porque rehusamos honrarlo como una persona. El Espíritu de Dios no se va a manifestar donde no se le honra (Vea Mateo 13:54-58; Salmo 89:7).

> SIN DARNOS CUENTA, HEMOS RECHAZADO LA RELACIÓN MÁS GRATIFICANTE QUE TENEMOS.

Quiero aclarar que al llamar al Espíritu Santo una "persona", no lo estoy llamando humano. Lo que simplemente estoy diciendo es que Él posee atributos que se reconocen como personalidad. El Espíritu Santo es una deidad, no un ser humano. Pero debemos recordar que los seres humanos fueron creados a la imagen de Dios. Así que Él no es como nosotros; más bien nosotros como Él.

Como Iglesia, hemos escogido verlo como un "ser santo" en vez de aquel que es el más santo. Su deseo es ser nuestro mejor amigo, y aún así hemos limitado Su involucración en nuestras vidas. La triste verdad es que sin darnos cuenta, hemos rechazado la relación más gratificante que tenemos a nuestra disposición.

Vamos a mirar algunas escrituras que nos muestran perfectamente la personalidad del Espíritu Santo:

+ Él tiene mente (Véase Romanos 8:27).
+ Él tiene voluntad (Véase 1 Corintios 12:11).
+ Él tiene emociones, como lo es el amor, gozo, dolor y tristeza (Véase Romanos 15:30; Gálatas 5:22; Efesios 4:30).
+ Él consuela (Véase Hechos 9:31).
+ Él habla (Véase Hebreos 3:7). De hecho, Él habla claramente (Véase 1 Timoteo 4:1).

+ Él enseña (Véase 1 Corintios 2:13.).
+ Se le puede entristecer (Véase Efesios 4:30).
+ Puede ser insultado (Véase Hebreos 10:29).
+ Puede ser resistido (Véase Hechos 7:51).
+ Se le puede mentir (Véase Hechos 5:1-11). ·

Si estos atributos son tan claros en la Escritura, entonces nos debemos preguntar: ¿por qué es tan malinterpretado el Espíritu Santo?

La paloma

Con regularidad cuando las personas piensan en el Espíritu Santo se dibujan la imagen de algo asociado con una paloma. ¿Por qué es esta la primera asociación? ¿Se manifestó alguna vez el Espíritu Santo como paloma? La respuesta es rotundamente no. En los cuatro Evangelios leemos que el Espíritu de Dios descendió como paloma sobre Jesús (vea Mateo 3:16; Marcos 1:10; Lucas 3:22; Juan 1:32). Pero, ¿me permite hacer una declaración? ¿No hacemos comentarios como "ella corre como el viento" o "él es fuerte como un toro"? Si yo digo que mi hijo es fuerte como un toro, ¿lo hace un animal de cuatro patas? ¡Absolutamente no!

Alguien pudiera decir: "Sí, John, pero Él es representado como llamas delante del trono de Dios" (vea Apocalipsis 4:5). Sí, este es el caso, pero la Biblia también dice: *"Y miré, y vi que en medio del trono y de los cuatro seres vivientes, y en medio de los ancianos, estaba en pie un Cordero como inmolado,"* (Apocalipsis 5:6). Esta es la descripción de Juan acerca de Jesús. Usted y yo sabemos que Jesús ciertamente no es un animal de cuatro patas. De la misma manera, el Espíritu Santo no es un fuego místico que está ardiendo delante del trono de Dios.

Entonces, ¿quién es el Espíritu Santo?

La Biblia hace bien claro que el Espíritu Santo es la tercera persona de la Deidad. Génesis 1:26 dice: *"Entonces dijo Dios: Hagamos al hombre a nuestra imagen, conforme a nuestra semejanza;".* Note que Dios no dijo: Voy a hacer al hombre. El drama de la creación requirió tres actores diferentes, jugando tres papeles diferentes; Dios se estaba refiriendo a sí mismo como el Padre, el Hijo y el Espíritu Santo.

Vamos a mirar en Hechos 10:37-38, para identificar al Padre, al Hijo y al Espíritu Santo.

> *Vosotros sabéis (…) después del bautismo que predicó Juan: cómo Dios ungió con el Espíritu Santo y con poder a Jesús de Nazaret, y cómo éste anduvo haciendo bienes y sanando a todos los oprimidos por el diablo, porque Dios estaba con él* (Hechos 10:37-38).

En el verso anterior fuimos testigos de cómo el Padre ungió a Jesús con el Espíritu Santo; tres personas diferentes trabajando juntos para un propósito común. Vamos a mirar otro ejemplo:

> *Y Jesús, después que fue bautizado, subió luego del agua; y he aquí los cielos le fueron abiertos, y vio al Espíritu de Dios que descendía como paloma, y venía sobre él. Y hubo una voz de los cielos, que decía: Este es mi Hijo amado, en quien tengo complacencia* (Mateo 3:16-17).

En el recuento del bautismo de Jesús, usted observará una vez más los miembros de la Deidad manifestándose como tres personas. Primero, Jesús fue bautizado por Juan, luego el Espíritu de Dios descendió sobre Él, y finalmente Dios el Padre declaró desde el cielo: "*Este es mi Hijo amado, en quien tengo complacencia*". Otra vez, vemos los tres miembros trabajando juntos para el mismo propósito.

CUANDO USTED VE AL HIJO, VE AL PADRE; Y EL ESPÍRITU FUE ENVIADO PARA REVELARNOS AL HIJO.

Permítame darle un ejemplo básico que ayudará a ilustrar esta verdad. Agua (H2O) se puede manifestar en tres formas diferentes. La temperatura determina si el H2O aparecerá como algo sólido, líquido o gas. La sustancia del agua – su estructura molecular – no cambia ni una pizca, pero la expresión de la misma cambiará basada en el medio ambiente (la temperatura). De la misma manera, la esencia de Dios no cambia. Cuando usted ve al Hijo, ve al Padre; y el Espíritu fue enviado para revelarnos al Hijo (vea Juan 17:21; Efesios 1:17-18). Dios es uno en propósito, y aún así tiene tres expresiones (personas) los cuales tienen su propia función. Aunque hay tres personas, solo hay un Dios. Deuteronomio 6:4 dice: *"Oye, Israel: Jehová nuestro Dios, Jehová uno es"*. Romanos 3:30 dice: *"Porque Dios es uno, y él justificará"*. Santiago 2:19 también dice: *"Tú crees que Dios es uno; bien haces"*. Esta verdad es el concepto básico para el resto del libro: hay tres personas diferentes y divinas, pero solo un Dios.

DÍA 3

La Primera Persona

En efecto, el Espíritu Santo es el primer miembro de la Deidad que aparece en la Biblia. Génesis capítulo 1 lee: *"En el principio creó Dios los cielos y la tierra"* (1:1). Ahora vamos a mirar el verso 2: *"Y la tierra estaba desordenada y vacía, y las tinieblas estaban sobre la faz del abismo, y el Espíritu de Dios se movía sobre la faz de las aguas"*. El Espíritu aparece aquí mismo en Génesis 1:2; Él es el primer miembro de la Deidad que se menciona por nombre.

Se podría hacer la siguiente pregunta: Pero John, en el verso uno dice *"en el principio creó Dios los cielos y la tierra"*. ¿Cómo puede usted decir que el Espíritu Santo es el primer miembro de la Deidad mencionado en las Escrituras, si el primer verso menciona a Dios el Padre? Esa es una excelente pregunta. Recuerde que Dios dijo: *"Hagamos al hombre a nuestra imagen"*. La referencia de Dios en el verso 1 se refiere a la Deidad, no a un miembro específico de la Deidad. Por lo tanto, el primer miembro de la Deidad identificado por su función es en efecto el Espíritu Santo.

En el verso 2 leemos: *"el Espíritu de Dios* [el Espíritu Santo] *se movía sobre la faz de las aguas"*.

Así que, nuevamente, regresemos a nuestra pregunta original:

¿Quién es el Espíritu Santo? Yo puedo testificar que Él es lo más maravilloso, grandioso, precioso, bueno, tierno, sensitivo y mejor persona sobre la faz de la tierra. Usted me podrá responder: John, ¿sobre la faz de la tierra? Oh, sí, sobre la faz de la tierra. Lo que necesitamos entender es que el Padre no está aquí en la tierra; Él está en Su trono en el cielo. De la misma forma Jesús no está aquí en la tierra. Yo escucho personas decir todo el tiempo: Jesús está en mi corazón. Sin embargo, la Escritura hace bien claro que Él está sentado a la diestra de Dios (vea Marcos 16:19). En Hechos 1:9-11 leemos:

> Y habiendo dicho estas cosas, viéndolo ellos, fue alzado, y le recibió una nube que le ocultó de sus ojos. Y estando ellos con los ojos puestos en el cielo, entre tanto que él se iba, he aquí se pusieron junto a ellos dos varones con vestiduras blancas, los cuales también les dijeron: Varones galileos, ¿por qué estáis mirando al cielo? Este mismo Jesús, que ha sido tomado de vosotros al cielo, así vendrá como le habéis visto ir al cielo.

Los dos hombres, los cuales eran ángeles, les hicieron claro a los discípulos que Jesús regresaría de la misma forma que se fue. En otras palabras, Él no regresará a la tierra hasta que venga en las nubes. ¿Ha regresado Jesús en las nubes otra vez? La respuesta es clara: no. Esto significa que Jesús sigue sentado a la diestra del Padre en el cielo.

Piense en la historia de Esteban cuando fue apedreado. Leemos en Hechos 7:55-56:

> Pero Esteban, lleno del Espíritu Santo y puestos los ojos en el cielo, vio la gloria de Dios, y a Jesús que estaba de pie a la diestra de Dios. Y dijo: -¡He aquí, veo los cielos abiertos y al Hijo del Hombre de pie a la diestra de Dios!" (RVA-2015).

Trate de imaginarse a Jesús en toda Su gloria de pie, en honor a Su mártir, anticipando este momento sagrado que iba a ser contado a todas las generaciones por venir. Mientras esta historia es una representación hermosa de una reunión gloriosa, también nos sirve como recordatorio del hecho irrefutable de que Jesús está actualmente al lado de su Padre.

La verdad es que Jesús ha estado en esta posición de gloria por aproximadamente dos mil años. Él no está aquí en la tierra. Yo sé que nos gusta decir que Él vive en nuestros corazones, pero en realidad, el Espíritu Santo, el Espíritu de Jesucristo, es el que hace nuestros corazones su lugar para habitar.

Es importante para nosotros reconocer que el Espíritu Santo se le cono-ce como el Espíritu de Dios y el Espíritu de Jesucristo (el Hijo). Vamos a ver varios ejemplos de esto.

En Filipenses 1:19: *"Porque sé que vuestra oración y la suministración del Espíritu de Jesucristo, esto resultará en mi liberación"*. Jesús dijo claramente que Él tendría que irse para que el Espíritu Santo pudiera venir en su lugar. Pablo se refiere con claridad al Espíritu Santo (el Ayudador) aquí, no al Jesús encarnado, porque Jesús ya no está en la tierra.

En Mateo 10:20 Jesús declara: *"Porque no sois vosotros los que habláis, sino el Espíritu de vuestro Padre que habla en vosotros"*. Jesús estaba hablando acerca del tiempo que vendría cuando Sus discípulos iban a ser persegui-dos y probados por causa del evangelio. El Espíritu del Padre (el Espíritu Santo) era el que los iba a guiar, y a poner palabras en sus bocas.

Aún ahora, mientras yo escribo, estas palabras no son el resultado de mi intelecto o inteligencia. El Espíritu de mi Padre está enseñan-do a través de mí. Yo he tratado de enseñar por mis propias fuerzas. Créame; solo termino en un fraca-so miserable. Es solo por Su gracia, el poder de Su Espíritu Santo, que

> **EL PADRE OPERA O INICIA, EL HIJO ADMINISTRA Y EL ESPÍRITU SANTO SE MANIFIESTA.**

soy quien soy. Las buenas noticias son que Él nunca me ha dejado en vergüenza; siempre llega. Cuando yo me humillo al Espíritu de gracia (vea Hebreos 10:29), Él es fiel para tornar mis debilidades en fortalezas.

¿Cómo trabajan los tres?

Este concepto de "tres en uno" puede ser bien difícil de entender, porque desafía nuestro entendimiento humano. Primera de Corintios 12:5-7 nos da un entendimiento de cómo los tres trabajan juntos como uno.

> *Y hay diversidad de ministerios, pero el Señor es el mismo. Y hay diversidad de operaciones, pero Dios, que hace todas las co-sas en todos, es el mismo. Pero a cada uno le es dada la manifes-tación del Espíritu para provecho (1 Corintios 12:5-7).*

Mientras leemos estos versos, descubrimos que el Padre, el Hijo y el Espíritu Santo tienen roles diferentes. El Padre opera o inicia (verso 6), el Hijo administra (verso 5) y el Espíritu Santo se manifiesta (verso 7). Sin embargo, todos trabajan juntos para el mismo propósito.

Para poder concretar este concepto, permítame usar el siguiente ejemplo. Si usted y yo fuésemos a construir una casa, ¿qué necesitaríamos? Bueno, necesitaríamos contratar a un arquitecto, un capataz y trabajadores (subcontratistas) para construir la casa. En esta ilustración (la cual es fuerte, pero da a entender el mensaje), Dios el Padre es el arquitecto, Jesús es el capataz, y el Espíritu Santo sería "los trabajadores" que son los que edifican la casa; Él es el "que pone en evidencia" la creación. Los tres roles son esenciales para la construcción de la casa.

El dedo

Vamos a mirar un incidente en las Escrituras a través de dos puntos de vista. Jesús acababa de sanar a un hombre poseído por un demonio. La gente estaba atónita, pero los fariseos pensaban en sí mismos: *"Este no echa fuera los demonios sino por Beelzebú, príncipe de los demonios"* (Mateo 12:24). En el verso 28 leemos la respuesta de Jesús a los pensamientos de ellos: *"Pero si yo por el Espíritu de Dios echo fuera los demonios, ciertamente ha llegado a vosotros el reino de Dios"*.

Lucas también nos proporciona un récord de esta declaración, pero esta difiere solo un poco de la de Mateo. Lucas 11:20 declara: *"Mas si por el dedo de Dios echo yo fuera los demonios, ciertamente el reino de Dios ha llegado a vosotros"*. Ambos Lucas y Mateo están haciendo referencia al Espíritu Santo. Como hacen con regularidad los autores, Lucas está describiendo la función del Espíritu Santo en lugar de Su persona. Por lo tanto podemos deducir que el Espíritu Santo puede describirse como "el dedo de Dios".

No solo es la función del Espíritu Santo identificada como el dedo de Dios, pero también como la mano de Dios y el brazo de Dios. La Escritura declara que Dios liberó a Su pueblo *"Con mano fuerte, y brazo extendido"* (Salmo 136:12). El Salmo 8:3 dice: *"Cuando veo tus cielos, obra de tus dedos, La luna y las estrellas que tú formaste"*. Muchos creyentes no se dan cuenta de que el Espíritu Santo fue el que literalmente puso las estrellas y los planetas en los cielos; Él fue el que puso en evidencia toda la creación. Recuerda lo que leímos en Génesis 1:2: *"...el Espíritu de Dios se movía sobre la faz de las aguas"*. Él estaba esperando que el Padre iniciara. Luego el Hijo tuvo que administrar diciendo: *"Sea la luz (v. 3)"*, porque Jesús es la Palabra de Dios. Cuando *"sea la luz"* fue declarado, el Hijo administró la voluntad del Padre, y el Espíritu Santo creó lo que fue dicho.

Uno de mis pasajes favoritos acerca de la magnitud y gloria del Espíritu de Dios es el de Isaías 40:12-15. Y lee así:

> *¿Quién midió las aguas con el hueco de su mano y los cielos con su palmo, con tres dedos juntó el polvo de la tierra, y pesó los montes con balanza y con pesas los collados? ¿Quién enseñó al Espíritu de Jehová, o le aconsejó enseñándole? ¿A quién pidió consejo para ser avisado? ¿Quién le enseñó el camino del juicio, o le enseñó ciencia, o le mostró la senda de la prudencia? He aquí que las naciones le son como la gota de agua que cae del cubo, y como menudo polvo en las balanzas le son estimadas; he aquí que hace desaparecer las islas como polvo.*

Piense en esto. El Espíritu del Señor sostuvo todo el océano en Su mano. En el verso doce leemos: *"Quién midió los cielos con Sus dedos?"*. Así que podemos ver que el Espíritu Santo está siendo identificado por Su función. ¿Puede ver lo grande que Él es? Y aún así se ha humillado poniéndose de acuerdo con el Padre y el Hijo para venir y hacer morada en nosotros. ¡Qué realidad tan maravillosa y asombrosa!

DÍA 4

El Espíritu Santo es Dios

Vamos a mirar el papel que jugó el Espíritu Santo durante la creación del hombre. Leímos: *"Entonces Jehová Dios formó al hombre del polvo de la tierra, y sopló en su nariz aliento de vida, y fue el hombre un ser viviente"* (Génesis 2:7). El Espíritu Santo fue el que le dio forma a Adán y sopló aliento de vida en su nariz. ¿Cómo sé que esto es verdad? Job 33:4 declara: *"El espíritu de Dios me hizo, Y el soplo del Omnipotente me dio vida"*. El

Espíritu Santo no solo formó a Adán y sopló vida en su nariz, sino que también nos formó y sopló aliento de vida en nosotros. Salmo 139:13 dice: *"Porque tú formaste mis entrañas; Tú me hiciste en el vientre de mi madre".* Es un hecho que el Espíritu de Dios formó todo lo que vemos. Proverbios 26:10 dice: "El gran Dios que formó todas las cosas" (traducción directa de KJV). La creación que vemos manifestada es porque el Espíritu Santo representó los deseos creativos del Padre (el iniciador).

Yo espero que ahora esté convencido, con estas evidencias, de que el Espíritu Santo es Dios. Vamos a ver algunos de los nombres usados para describirlo. Él es llamado:

+ Espíritu Santo (96 veces)
+ Espíritu del Señor (28 veces)
+ Espíritu de Dios (26 veces)
+ Espíritu Eterno (Hebreos 9:14)
+ Ayudador (4 veces por Jesús en el Evangelio de Juan)
+ Consolador (usado a través de toda la AMP)
+ Santo (Salmo 78:41)
+ El Señor (2 Corintios 3:17)
+ Espíritu de verdad (4 veces)
+ Espíritu abrasador (Véase Isaías 4:4 NVI)
+ Espíritu de Cristo (Véase Romanos 8:9)
+ Espíritu de consejo (Véase Isaías 11:2)
+ Espíritu de nuestro Padre (Véase Mateo 10:20)
+ Espíritu de temor del Señor (Véase Isaías 11:2)
+ Espíritu de gloria (Véase I Pedro 4:14)
+ Espíritu de gracia (Véase Zacarías 12:10; Hebreos 10:29)
+ Espíritu de Jesucristo (Véase Filipenses 1:19)
+ Espíritu de juicio (Véase Isaías 4:4)
+ Espíritu de conocimiento (Véase Isaías 11:2)
+ Espíritu de vida (Véase Romanos 8:2)
+ Espíritu de amor (Véase 2 Timoteo 1:7)
+ Espíritu de poder (Véase Isaías 11:2, 2 Timoteo 1:7)
+ Espíritu de profecía (Véase Apocalipsis 19:10)
+ Espíritu de revelación (Véase Efesios 1:17)
+ Espíritu de buen juicio (Véase 2 Timoteo 1:7 DHH)
+ Espíritu de entendimiento (Véase Isaías 11:2 NDB)

+ Espíritu de sabiduría (Véase Isaías 11:2)
+ Espíritu de santidad (Véase Romanos 1:4)
+ Espíritu de Dios Santo (En el libro de Daniel, aparece como Espíritu de los Dioses Santos).

¡Él es digno, Él es poderoso y Él es maravilloso!

Jesús dependía totalmente del Espíritu Santo

Jesús dependía completamente del Espíritu Santo. Él fue concebido por el Espíritu, Él fue enseñado por el Espíritu, Él recibió poder por el Espíritu (en el río Jordán), y Él no hizo ningún milagro hasta que fue bautizado con el Espíritu (vea Juan 1: 29-34). El primer milagro que Jesús hizo fue en Canaán de Galilea (vea Juan 2: 1-11). Él fue dirigido por el Espíritu y solo habló lo que escuchó hablar del Espíritu.

En Juan 14:10 Jesús dice: *"Las palabras que yo os hablo, no las hablo por mi propia cuenta, sino que el Padre que mora en mí, él hace las obras"*. Note que Jesús no dijo: El Padre que está en el cielo. Él dijo: *"El Padre que mora en mí"*.

John, espérese un minuto, ¿usted quiere decir que Jesús se está refiriendo al Espíritu Santo como Su Padre? Bueno, ¿por qué no? Escuche lo que el ángel le dice a José: *"José, no tengas miedo de casarte con María. El Espíritu Santo fue quien hizo que ella quedara embarazada"* (Mateo 1:20 TLA). Él fue concebido por el Espíritu Santo, así que tiene sentido el que Jesús se refiera a Espíritu Santo como "el Padre que mora en mí".

La verdad es que Jesús y el Espíritu Santo siempre trabajaron juntos durante el tiempo que Jesús estuvo en la tierra. De hecho, Jesús mismo declaró: *"No puede el Hijo hacer nada por sí mismo"* (Juan 5:19). Si Jesús, el mismo Hijo de Dios, necesitaba la constante compañía del Espíritu Santo para completar Su misión, ¿cuánto más necesitamos nosotros al Espíritu para ayudarnos a completar la nuestra?

Nadie conoce mejor al Espíritu Santo que Jesús, así que vamos a mirar lo que dijo acerca de su rol, personalidad, atributos, poder y otras habilidades en nuestras vidas. En Juan 14:15-18 Jesús declara:

Si me amáis, guardad mis mandamientos. Y yo rogaré al Padre, y os dará otro Consolador, para que esté con vosotros para siempre: el Espíritu de verdad, al cual el mundo no puede recibir, porque no le ve, ni le conoce; pero vosotros le conocéis, porque mora con vosotros, y estará en vosotros. No os dejaré huérfanos; vendré a vosotros.

Hay tantas verdades hermosas en este pasaje. Primero, usted notará que Jesús dijo: *"Si me amas, guarda mis mandamientos"*. Es interesante que Jesús comience sus comentarios acerca del Espíritu Santo con el recordatorio de reconocerlo como autoridad suprema; Su Señorío. Él hace un énfasis increíble en que nuestra obediencia hacia Él está en guardar Sus mandamientos. Pedro confirma esta verdad: *"Y nosotros somos testigos suyos de estas cosas, y también el Espíritu Santo, el cual ha dado Dios a los que le obedecen"* (Hechos 5:32). Dios da su Espíritu Santo a aquellos que le obedecen.

Ahora note que Jesús dice en Juan 14:16: *"Y yo rogaré al Padre, y os dará otro Consolador"*. Analicemos la palabra "otro" en el griego. Hay dos palabras en el griego que se traducen como "otro" a través del Nuevo Testamento. Estas palabras son *heteros* y *allos*. *Heteros* significa "otro, pero diferente". *Allos* significa "otro, de la misma clase".[2] La pregunta que nos tenemos que hacer aquí es, ¿cuál de las dos es la que Jesús está usando en este pasaje?

Antes de darle la respuesta, permítame darle un ejemplo que ilustrará la diferencia entre estas dos palabras griegas. Imagínese este escenario. Yo le ofrezco un pedazo de fruta, digamos una manzana. Después de usted habérsela comido, yo le pregunto: "¿Le gustaría otro pedazo de fruta?".

Si usted contesta afirmativamente y yo le doy una naranja, yo le di "otra". No obstante, le di otra queriendo decir algo diferente. Una naranja es un tipo de fruta, pero es diferente a la manzana. Este es el ejemplo de *heteros*.

Ahora, si usted me pide otro pedazo de fruta y yo le doy otra manzana, entonces usted podría decir que yo le di otra de la misma clase. Este es el ejemplo de *allos*.

Entonces, regresemos a la pregunta original. Cuando Jesús dijo que el Padre nos daría "otro" Ayudador (Consolador), ¿qué palabra estaba usando? Él usó la palabra *allos*. Él está diciendo: "El Padre les va a dar otro Ayudador (Consolador), el cual es como Yo". En otras palabras, Jesús está diciendo que Él y el Espíritu Santo son de la misma clase.

DÍA 5

Nuestro compañero para toda la vida

Otra palabra que Jesús usa en Juan 14:16 versión AMP es "Ayudador". La palabra griega para "ayudador" aquí es *parakletos*. En la Epístola de Juan, encontramos a Juan refiriéndose a Jesús como *parakletos* también: *"Hijitos míos... abogado tenemos para con el Padre, a Jesucristo el justo"* (1 Juan 2:1). Ambos Jesús y el Espíritu Santo funcionan en este rol como ayudador o *parakletos*. Entonces, ¿qué significa esta palabra griega? Al final del día, fue usada para describir a un abogado que apela el caso de alguien.[3] También fue usada para describir a un consejero personal o entrenador; un entrenador de vida.

Parakletos es una palabra compuesta de dos palabras griegas, *para* y *kaleo*. *Para* significa "bien cerca".[4] Pablo usa esta palabra para describir su relación con Timoteo. No había alguien más cerca de Pablo que el apóstol Timoteo (vea Filipenses 2:20-21). Mi esposa Lisa es "para" en mi vida. No hay nadie sobre la faz de la tierra que esté más cerca de mí que ella. Yo usaría esta palabra para describir mi relación con ella.

La segunda palabra griega es *kaleo*, que significa "depender de o llamar a".[5] Esta palabra fue usada con frecuencia por los apóstoles en la Escritura cuando describían sus llamados. Por ejemplo, cuando Pablo dijo: *"del cual yo fui constituido predicador, apóstol y maestro de los gentiles"* (2 Timoteo 1:11), él estaba usando la palabra griega *kaleo*. El concepto de un "llamado" provoca pensamientos de acción y destino.

Cuando ponemos estas dos palabras griegas juntas, obtenemos un mejor entendimiento de lo que Jesús está comunicando. En esencia, Él está diciendo que el Espíritu Santo tiene un llamado permanente con cada uno de nosotros, para proveer instrucción, dirección y/o consejo en nuestra jornada de vida. ¡Este es Su llamado o tarea, y Él está con nosotros perpetuamente sin cansarse! Jesús dijo que el Espíritu Santo estaría con nosotros para siempre (vea Juan 14:16). Nunca nos iba a desamparar o abandonar. ¡Qué promesa tan maravillosa! Básicamente lo que Jesús está diciendo es que el Espíritu Santo sería una continuidad de Su (Jesús) trabajo y misión en nuestras vidas.

Con frecuencia escucho a personas decir: "Oh, si yo hubiera tenido la oportunidad de andar con Jesús, le hubiera hecho tantas preguntas". ¿Por qué no presentarle estas preguntas al Espíritu Santo? Esta es un área crucial donde nuestra percepción sobre el Espíritu Santo juega un papel importantísimo. Si nosotros percibimos al Espíritu Santo simplemente como un ser ambiguo, nunca nos acercaremos a Él como el que tiene la capacidad de enseñarnos o instruirnos. El Espíritu Santo es una Deidad; no un ser. Si creemos verdaderamente que Él es quien la Palabra de Dios dice que Él es, nos acercaríamos a Él en reverencia reconociendo que es todopoderoso y todo lo sabe, el cual es capaz y está dispuesto a enseñarnos y ayudarnos. Sí, Él anhela hablarnos íntimamente.

Una declaración deslumbrante

Jesús hizo una declaración asombrosa en Juan 16:7: *"Pero yo os digo la verdad:".*

Antes de continuar con este pasaje, déjeme tomar un momento para dibujarle una escena. Este es Jesús hablando con sus discípulos. Ha estado con ellos por tres años. Todo lo que ha dicho ha sucedido. Él le dijo al viento: *"Calla, enmudece"* (Marcos 4:39), y así sucedió.

Él dijo: *"Hallaréis una asna atada…"* (Mateo 21:2) y así mismo fue; allí estaba la asna. Él sabía que había un traidor entre ellos antes de que este se pusiera al descubierto. Él le dijo a la higuera que se secara, y en veinticuatro horas se secó. Todo lo que Jesús les había dicho sucedió al pie de la letra, y aún así Él tuvo que abrir su declaración con las palabras: *"Pero yo os digo la verdad"* (v.7). Lo que Jesús estaba a punto de decir iba a sorprender a Sus discípulos, así que tenía que asegurarse de que ellos entendieran que Él estaba diciendo la verdad. Entonces, ¿qué es lo que Jesús iba a decir?

> *En realidad, a ustedes les conviene que me vaya. Porque si no me voy, el Espíritu que los ayudará y consolará no vendrá; en cambio, si me voy, yo lo enviaré* (Juan 16:7 TLA).

Póngase usted en los zapatos de los discípulos. Su líder, el cual usted sabe que es el Hijo de Dios, le acaba de decir que tiene que irse, y que es para su beneficio. Eso sonaría ilógico para mí. Si Él es Dios, ¿no sería más beneficioso que se quedara con nosotros? Estoy seguro que los discípulos estaban pensando lo mismo. Por esta misma razón, Jesús se vio forzado a comenzar su declaración con: *"Yo les digo la verdad"* (v. 7).

Entonces, ¿por qué fue lo mejor para los discípulos y las generaciones de creyentes que estaban por venir, incluyéndonos nosotros, que Jesús se fuera? Considere esto. Si Jesús nunca se hubiera ido de la tierra, entonces el Espíritu Santo nunca hubiera venido a estar con nosotros. Si yo quisiera recibir algo de Jesús, tendría que viajar muchas millas solo para verlo. Mi viaje tal vez comenzaría con un vuelo a Tel Aviv (el cual sería el aeropuerto más ocupado en el mundo). Tendría que alquilar un auto, manejar a Galilea, con la esperanza de encontrar algún hospedaje decente (los hoteles estarían completamente llenos). Luego tendría que encontrar a Jesús. No sería fácil porque millones estarían esperando para hablar con Él. Luego de encontrarlo, tendría que pasar por el sistema más complejo de espera conocido en la humanidad, porque todo el mundo querría hacerle preguntas o presentarle alguna petición.

Como la espera sería tan larga, probablemente estaría limitado a un máximo de sesenta segundos con Jesús, así que definitivamente tendría que tener mis preguntas y peticiones ya listas. Y recuerde que Él tendría que dormir y comer, así que seguramente Él estaría con las personas unas catorce horas al día. A este paso, Jesús pudiera haber visto 840 personas por día (si pasaba 60 segundos por persona). Por lo tanto, le tomaría a Jesús 1.190 días (3.26 años) para ver a un millón de personas. Pero tenga presente que constantemente personas nuevas se estarían añadiendo a la espera. ¿Qué si hubiera una "línea expreso" solo para peticiones y necesidades urgentes? Cuántas personas estarían pasando frente a mí, ¿verdad? Creo que con esto podemos llegar a la conclusión de que las probabilidades de llegar a Jesús serían muy pocas o mejor dicho, casi imposibles.

Las buenas noticias son que el Espíritu Santo está siempre ahí para nosotros. Él no necesita dormir o comer. Él puede entablar conversación con 100.000 personas a la misma vez. Cuando nosotros permitamos que nuestro entendimiento sobre el Espíritu Santo sea radicalmente transformado por la Palabra de Dios, comenzaremos a entender el porqué Jesús dijo: *"Les conviene que yo me vaya"* (v.7).

Recuerde, el Espíritu Santo es exactamente como Jesús: ¡Él enseña como Jesús, amplía las cosas de Dios como Jesús y está aquí con nosotros! ¿Ha comenzado a ver lo maravilloso que Él es? Aún mientras escribo, el Espíritu está abriendo mis ojos para ver las maneras en las que he limitado Su voz y Su presencia en mi vida.

Nuevamente, ¡Él es para nosotros guía, protección e instrucción. Lo necesitamos involucrado y activo en nuestras vidas!

En el próximo capítulo, vamos a desarrollar lo que significa entrar en intimidad con nuestro Dios maravilloso.

DEVO DÍA 1

Conozca al Espíritu

Yo le pediré al Padre, y Él les dará otro Consolador (Consejero, Ayudador, Intercesor, Defensor, Fortalecedor y Sustentador), para que esté con ustedes para siempre: el Espíritu de verdad...

—Juan 14:16-17 AMP (traducción directa del inglés)

¡El Espíritu Santo es verdaderamente asombroso! Después de nuestra salvación por medio de Cristo, Él es el mejor regalo que jamás recibiremos. ¿Quién es el Espíritu Santo? El experimentado escritor y pastor, A. W. Tozer, expresa...

> "El Espíritu Santo no es entusiasmo... es una Persona. Pongamos eso en letras mayúsculas: que el Espíritu Santo no es solamente un Ser que tiene otro modo de existencia, sino que también Él mismo es una Persona, con todas las cualidades y capacidades de la personalidad. Él no es materia, pero es sustancia... El Espíritu Santo tiene voluntad, inteligencia, sentimientos, conocimiento, compasión, y capacidad de amar, de ver, de pensar, de oír, de hablar y de desear igual que cualquier persona".[1]

Antes de comenzar este estudio, ¿quién entendía usted que era el Espíritu Santo? ¿Cómo ha ampliado este capítulo su entendimiento de quién es Él para usted personalmente?

_____

_____

_____

Medite con atención en la lista de nombres que se utilizan en la Escritura para el Espíritu Santo. ¿Qué le muestran esos nombres sobre quién es Él?

_____

_____

_____

Saber que el Espíritu Santo es una Persona igual que el Padre y el Hijo es vital para desarrollar una relación sana con Dios. Tozer continúa...

> "Todo lo que es el Hijo, lo es el Espíritu Santo; y todo lo que es el Padre, lo es el Espíritu Santo; y el Espíritu Santo está en su iglesia. ¿Cómo descubriremos que será Él? Será exactamente como Jesús. Hemos leído el Nuevo Testamento, y sabemos cómo es Jesús, y el Espíritu Santo es exactamente como Jesús, porque Jesús era Dios y el Espíritu es Dios, y el Padre es exactamente como el Hijo; y podemos saber cómo es Jesús sabiendo cómo es el Padre, y podemos saber cómo es el Espíritu sabiendo cómo es Jesús".[2]

¿Está usted viendo al Espíritu Santo de un modo nuevo? ¿Cómo le alientan y motivan esas facetas diferentes de su carácter a hacer que Él participe más en su vida?

_____

_____

_____

Para más estudio:

Juan 12:44-45; 14:8-11; 2 Corintios 4:4; Colosenses 1:15-19; Hebreos 1:3.

DEVO DÍA 2

Él es Deidad, no una entidad

*Porque el Señor y el Espíritu son **uno mismo**...*

—2 Corintios 3:17 TLA

Como hijos de Dios, se nos ha dado su precioso regalo prometido: el regalo de su Espíritu Santo (véase Gálatas 4:6). Su Espíritu no es solamente un poder o fuerza misteriosa que se mueve por la galaxia. Su Espíritu Santo es *Él*: la plenitud de quien Él es, sin retener nada.

Andrew Murray, ministro del siglo XIX y autor de más de doscientos libros, dijo que el Espíritu Santo es "uno con el Padre y el Hijo" y que Él trae "la revelación plena y perfecta" de la gloria de Dios. Y continúa:

> "Todo lo que Dios había prometido en el viejo pacto, todo lo que había sido manifestado y acercado a nosotros de gracia divina en Jesús, el Espíritu Santo ahora lo hace nuestro. Por medio de Él, todas las promesas de Dios son cumplidas, toda gracia y salvación en Cristo se convierten en una posesión y experiencia personales".[3]

¿Captó usted eso? Por medio del Espíritu Santo, todas las promesas de Dios son cumplidas, y se convierten en una posesión y experiencia personales. Esto no es solamente la opinión de un hombre; es la verdad de la Escritura. Lea atentamente y medite en estos pasajes.

> *Bendito* (alabanza, elogio) *sea el Dios y Padre de nuestro Señor Jesucristo* (el Mesías) *que nos ha bendecido en Cristo con toda bendición espiritual* (dada por el Espíritu Santo) *en las alturas* (Efesios 1:3 AMP, traducción directa).

> *Todo lo que pertenece a una vida que agrada a Dios nos ha sido milagrosamente dado al llegar a conocer, de modo personal*

e íntimo, a Aquel que nos invitó a acudir a Dios [el Espíritu Santo]. *¡La mejor invitación que recibimos jamás!* (2 Pedro 1:3 *The Message,* traducción directa). [Palabras entre corchetes añadidas para aportar claridad]

Pero como está escrito: "Ningún ojo ha visto, ni oído ha escuchado, ni han entrado en el corazón del hombre, las cosas que Dios ha preparado para quienes lo aman". Pero Dios, mediante el Espíritu, nos ha permitido compartir su secreto. Porque nada está oculto del Espíritu, ni siquiera la profunda sabiduría de Dios (1 Corintios 2:9-10 J. B. Phillips).

¿Qué le está revelando el Espíritu mediante estos versículos?

_____

_____

_____

¿Está limitando la presencia y el poder del Espíritu Santo en su vida por su percepción de quién es Él? Haga una pausa y ore. Pídale a Él que le muestre dónde puede necesitar que Él cambie su perspectiva. Anote lo que Él le revele.

_____

_____

_____

Para más estudio:

Haga una búsqueda en línea de las frases "por el Espíritu", "mediante el Espíritu" y "del Espíritu" (www.biblia.com). Considere también 1 Corintios 12:4-11; Gálatas 5:5; 2 Tesalonicenses 2:13.

DEVO DÍA 3

Él es el Espíritu de vida

*Porque la ley del Espíritu que da vida en Cristo Jesús,
te liberó de la ley del pecado y de la muerte.*

—Romanos 8:2 DHH

¡El Espíritu Santo es el Espíritu de vida! ¡Vaya, qué nombre! Piénselo. La vida lo es *todo*. Engloba todos los aspectos de salud, crecimiento, frescura, energía, vitalidad y vigor. No hay ninguna sombra de muerte operando en el Espíritu de vida, ninguna enfermedad ni dolencia, ningún cansancio o fatiga, ningún estancamiento o decadencia; ninguna forma de muerte en absoluto.

El Espíritu de vida estaba presente en el momento de la creación, soplando vida a cada área de la tierra. El misionero y evangelista internacional Lester Sumrall confirma esto, afirmando:

> "El primer lugar en la Escritura registrada donde vemos actividad del Espíritu Santo es en Génesis 1:2. Es notable que la primera página y el segundo versículo de la Biblia muestran la actividad del Espíritu Santo... Fue el acto de sacar cosmos, *belleza* y encanto del caos. La tierra estaba desordenada y vacía. Dios participaba en su obra maestra creativa, y el Espíritu Santo se movía para ayudarle. El Espíritu de Dios se movía sobre la faz de las aguas, y *el cosmos salió del caos*".[4]

¿En qué lugar de su vida siente un vacío o ve caos? ¿Dónde necesita que el Espíritu Santo de vida lleve belleza, orden y libertad? Ore y pídale que se lo muestre. Rinda esas áreas a Él en oración, pidiéndole que se mueva sobre ellas y produzca orden, tal como hizo en la creación.

Lea Filipenses 4:6-8; 1 Pedro 5:7; Salmos 37:4-6.

¿Está cansado del ajetreo de la rutina? El Espíritu de vida quiere fortalecerle con su fuerza. A medida que pase tiempo con Él y llegue a conocerlo, Él renovará sus fuerzas. Tome un momento y medite en estas poderosas promesas de Dios:

> *¿Acaso no lo sabes? ¿No lo has oído? El Señor, el Dios eterno, el creador del mundo entero, no se fatiga ni se cansa; su inteligencia es infinita. Él da fuerzas al cansado, y al débil le aumenta su vigor* (Isaías 40:28-29 DHH).

> *¿Acaso no parece lógico que si el Dios vivo y presente que resucitó de la muerte a Jesús entra en nuestra vida, hará lo mismo en nosotros que hizo en Jesús, haciéndonos vivos para Él? Cuando Dios vive y sopla en nosotros (y lo hace, al igual que lo hizo en Jesús), somos librados de esa vida muerta. Con su Espíritu viviendo en nosotros, ¡nuestro cuerpo estará tan vivo como el de Cristo!* (Romanos 8:11 MSG, traducción directa)

> *Tengo fuerzas para todo en Cristo que me capacita [estoy preparado para cualquier cosa y a la altura de todo por medio de Aquel que me infunde fuerza interior]* (Filipenses 4:13 AMP, traducción directa).

¿Qué le está hablando el Espíritu Santo mediante estos versículos? Escriba una oración pidiendo al Espíritu de vida que infunda en usted fortaleza interior, y le haga tan vivo como Jesús cuando caminaba en la tierra.

_____

_____

_____

Para más estudio:

Génesis 1:2; Nehemías 9:6; Isaías 40:12-15; Salmos 8:3.9; 104:24-30; Job 33:4.

DEVO DÍA 4

Debemos depender totalmente de Él

No será por la fuerza ni por ningún poder, sino por mi
Espíritu
—dice el Señor Todopoderoso—.

Zacarías 4:6 NBD

Jesucristo, el Hijo de Dios, dependía totalmente del Espíritu Santo, el Espíritu del Padre. Todo sobre Él, desde su concepción hasta su resurrección, fue resultado de la obra del Espíritu. La Escritura dice que Él...

Fue concebido *por el Espíritu*: Mateo 1:20; Lucas 1:31-35

Fue guiado *por el Espíritu*: Mateo 4:1; Lucas 4:1

Fue capacitado *por el Espíritu*: Lucas 4:14, 18-19; Juan 3:34

Fue enseñado *por el Espíritu* y le obedeció: Juan 5:19-20, 30; 14:10

> *Entonces Jesús explicó: «Les digo la verdad, el Hijo no puede hacer nada por su propia cuenta; solo hace lo que ve que el Padre hace. Todo lo que hace el Padre, también lo hace el Hijo, pues el Padre ama al Hijo y le muestra todo lo que hace...Yo no puedo hacer nada por mi propia cuenta; juzgo según Dios me indica. Por lo tanto, mi juicio es justo, porque llevo a cabo la voluntad del que me envió y no la mía».*

—Juan 5:19-20, 30 NTV

Medite atentamente en la declaración de dependencia de Jesús en Juan 5 (arriba). ¿Qué le está revelando el Espíritu Santo sobre la relación de Jesús con Él? ¿Cómo le desafía y le reta eso?

_____

_____

_____

Lea Hechos 5:32; Romanos 8:16; Gálatas 4:6; 1 Juan 3:24 y 4:13. ¿Qué dos verdades recurrentes acerca del Espíritu Santo y nuestra relación con Él puede usted identificar?

_____

_____

_____

Como los primeros creyentes en la iglesia de Galacia, a veces olvidamos lo mucho que necesitamos al Espíritu Santo. Lea con atención Gálatas 3:2-9 junto con Lucas 11:13. ¿Qué lecciones sobre recibir la ayuda continuada del Espíritu Santo puede aprender y aplicar a su propia vida?

_____

_____

_____

DEVO DÍA 5

¡Él es su Amigo siempre!

*Yo hablaré al Padre, y Él les dará otro Amigo
para que siempre tengan a alguien con ustedes.
Ese Amigo es el Espíritu de Verdad.*

—Juan 14:16-17 MSG (traducción directa)

¡El Espíritu Santo quiere ser su mejor amigo! Quiere ser su Ayudador y estar a su lado las veinticuatro horas del día. La Escritura declara: *"El Espíritu que Él ha causado que habite en nosotros nos anhela, y desea que el Espíritu* [sea bienvenido] *con un amor celoso"* (Santiago 4:5 AMP, traducción directa).

La amistad verdadera con el Espíritu Santo no tiene precio. Su presencia y poder proporcionan satisfacción duradera que no tiene límite. Hablando del Espíritu Santo, Jesús dijo: *"pero todos los que beban del agua que yo doy no tendrán sed jamás. Esa agua se convierte en un manantial que brota con frescura dentro de ellos y les da vida eterna"* (Juan 4:14 NTV). Explicando este versículo, el evangelista y educador R. A. Torrey afirmó:

> "El agua aquí se refiere al Espíritu Santo. El mundo nunca puede satisfacer. De cada alegría del mundo debe decirse: 'todos los que beban de esta agua volverán a tener sed'. Pero el Espíritu Santo tiene poder para satisfacer cada anhelo del alma. El Espíritu Santo, y solamente Él, puede satisfacer el corazón humano.
>
> Si se entrega al fluir o el brote del Espíritu Santo en su corazón, nunca tendrá sed. Oh, con qué gozo inexpresable y satisfacción indescriptible ha derramado el Espíritu Santo su agua viva en muchas almas. ¿Tiene usted esta fuente viva

en su interior? ¿Está libre el manantial? ¿Está brotando para vida eterna?".[5]

Meditemos en la pregunta planteada por Torrey: "¿Tengo yo esta fuente viva en mi interior? ¿Estoy experimentando la indescriptible satisfacción del Espíritu? Si no, ¿por qué?". Entonces pida al Espíritu Santo que le muestre qué puede hacer para abandonarse a su amistad diariamente y más libremente. Anote lo que Él le revele.

_____

_____

_____

Aquiétese delante del Señor (que es el Espíritu Santo). Pídale que se haga real para usted; más real que nunca. Pídale que le inunde de su amor, aceptación y paz. No se apresure. Esté quieto y sepa por experiencia que Él es Dios. Escriba cualquier cosa que Él le hable.

_____

_____

Es libre para ser usted mismo con el Espíritu Santo. Él le conoce profundamente. Cuando parezca que no puede "encontrarse a usted mismo", Él puede decirle exactamente dónde está. Él habita permanentemente en usted para fortalecer, alentar y guiar. Acuda a Él en cualquier momento, en cualquier lugar. Usted no puede agotarle o deteriorar su bienvenida. ¡Él es su mejor amigo!

Oración

Espíritu Santo, amplía radicalmente mi entendimiento de quién eres tú. Ayúdame a ver tu personalidad y tu papel como mi Ayudador, como nunca antes. Ayúdame a no volver a limitar nunca más tu presencia, poder o voz en mi vida. Hago esta oración por mí mismo, mi familia, y toda tu Iglesia. En el nombre de Jesús, amén.

Preguntas de discusión

Si está usando este libro como parte de la
serie *Messenger* sobre el Espíritu Santo, por
favor remítase a la sesión 1 del video.

1. Nuestra vida cristiana *sin* el Espíritu Santo se vuelve seca, monótona y sin poder. Por lo tanto, ¿cómo debería ser nuestra vida *con* el Espíritu Santo? Enumere tantas manifestaciones y aspectos positivos como pueda pensar.

> *Pues el Señor es el Espíritu, y donde está el*
> *Espíritu del Señor, allí hay libertad.*

—2 Corintios 3:17 NTV

_____

_____

_____

2. El Espíritu Santo no es un "ello", o un poder divino y místico. Él es la Persona de la Deidad que tiene la *plenitud* de Dios Padre y del Hijo. ¿Cuáles son algunas de las consecuencias de ver al Espíritu Santo solo como un "ello" o poder místico? ¿Cuáles son los resultados positivos de verlo como realmente es: plenamente Dios?

_____

_____

_____

3. La participación del Espíritu Santo era común entre los primeros creyentes, pero es rara entre los creyentes en la actualidad. ¿Cuáles cree que son algunas razones por las que hemos dejado de disfrutar, buscar y depender del liderazgo y la poderosa influencia del Espíritu de Dios?

_____

_____

_____

4. ¿Dónde está la Persona de Jesús ahora? Como creyente, ¿está viviendo Él en su corazón? ¿Cuál es una manera mejor y más precisa de describir nuestra experiencia de salvación y el misterio de cómo Dios hace de nuestro corazón su hogar?

_____

_____

_____

Líderes: Hagan que su clase busque Marcos 16:19; Hechos 1:9-11; 7:55-56; Romanos 8:34; Colosenses 3:1; Hebreos 10:12-13 para la primera parte de la pregunta, y Romanos 8:9-10; 1 Corintios 3:16; 6:19; 1 Juan 3:24 para el resto.

> *Respondió Jesús y le dijo: El que me ama, mi palabra guardará; y mi Padre le amará, y vendremos a él, y haremos morada con él.*
>
> —Juan 14:23

5. El Señor nuestro Dios es uno, y sin embargo tiene tres expresiones distintivas: Padre, Hijo y Espíritu Santo. Describa las funciones principales de cada miembro de la Deidad y cómo obran juntas para efectuar la voluntad de Dios.

_____

_____

_____

Líderes: Hagan que su clase busque 1 Corintios 12:5-7, además del relato de la creación en Génesis 1 y las palabras de Jesús en Juan 5:17, 19-20.

El Espíritu de Dios Padre = el Espíritu de Cristo = el Espíritu Santo

6. Jesús dijo que el Espíritu Santo es nuestro ayudador, nuestro *parakletos*. Esto significa que Él es "llamado *permanentemente* a estar a nuestro lado para guiarnos y aconsejarnos en nuestro caminar diario con Dios".

¿De qué maneras le motiva y le alienta este conocimiento en su relación diaria con Él?

_____

_____

_____

7. ¿Qué nuevas características de la Persona del Espíritu Santo ve ahora que no veía antes? ¿Cómo ha abierto sus ojos esto, y ha enriquecido su entendimiento de quién es Él en su vida?

_____

_____

_____

Notas

RESUMEN DEL CAPÍTULO:

* El **Espíritu Santo** es un miembro de la Deidad que tiene la plenitud de Dios Padre y del Hijo.

* Él no es un "ello" o un poder místico; Él es Dios.

* Él no está limitado por el tiempo o el espacio; puede comunicarse con un número ilimitado de personas y ayudarlas a todas al mismo tiempo.

* Él participaba íntimamente en las vidas de los primeros creyentes, y desea participar en cada área de nuestra vida en la actualidad.

* No hay prácticamente ninguna vida cristiana sin Él, pero hay una vida abundante de aventura para quienes aceptan su asombrosa comunión.

* ¡Llegue a conocerlo a Él personalmente!

— 2 —

LA PERSONALIDAD DEL ESPÍRITU SANTO

La maravillosa gracia del Maestro Jesucristo, el amor extravagante de Dios y la amistad íntima del Espíritu Santo, sea con todos ustedes.

DÍA 1

Para nosotros poder establecer una relación cercana con otra persona, necesitamos descubrir primeramente sus gustos, ambiciones, a dónde se dirige, lo que no le gusta.

De la misma forma, si vamos a intimar con el Espíritu Santo, necesitamos entender Su personalidad. Como descubrimos en el capítulo anterior, Jesús hizo esta asombrosa declaración a sus discípulos:

> Pero yo os digo la verdad: Os conviene que yo me vaya; porque si no me fuera, el Consolador no vendría a vosotros; mas si me fuere, os lo enviaré (Juan 16:7).

Este es el mismo Jesús que una vez dijo: "Abriré mi boca en parábolas; hablaré de cosas ocultas desde la fundación del mundo" (Mateo 13:35 NBLH). Jesús, el más grande de los maestros que jamás haya existido, el que reveló misterios que habían estado escondidos desde la fundación del mundo, está tratando de convencer a sus seguidores más cercanos de que el Espíritu de Dios, no Jesús mismo presente físicamente, sería la mejor compañía para ellos y la generación de creyentes venidera.

¡Increíble! No sé de usted, pero esto me provoca querer indagar y conocer más acerca del Espíritu Santo.

Comencemos leyendo en 2 Corintios 13:14 donde Pablo declara:

> *La gracia de nuestro Señor Jesucristo, el amor de Dios, y la comunión del Espíritu Santo sea con todos vosotros. Amén.*

Note que Pablo comienza con *"la gracia de nuestro Señor Jesucristo"* (v. 14). Como creyentes, no podemos olvidar nuestro derecho delante de Dios, el cual es nuestro fundamento para esta maravillosa relación con el Espíritu, y la cual nunca hubiera sido posible sin la gracia de nuestro Señor y Salvador Jesucristo. En y a través de Él, hemos sido transformados completamente.

Pablo continúa diciendo *"y el amor de Dios"* (v. 14). ¿No le alegra el hecho de que es amado por el Padre? Usted es Su hijo; Él le ama única y completamente. Como padre, pienso con frecuencia en cuánto amo a mis cuatro hijos, mi nuera y mis nietos. Adoro a mis hijos, aún así, mi habilidad para amarlos y deleitarme en ellos no se acerca en lo más mínimo a la escala del amor de Dios para con Sus hijos. Su Palabra declara:

> *"ni la muerte, ni la vida, ni ángeles, ni principados, ni potestades, ni lo presente, ni lo por venir, ni lo alto, ni lo profundo, ni ninguna otra cosa creada nos podrá separar del amor de Dios, que es en Cristo Jesús Señor nuestro"* (Romanos 8:38-39).

¡Qué promesa tan maravillosa! ¿No le provoca dar gracias, al saber que nada puede separarnos del amor del Padre?

Ahora, vamos a mirar la última porción de 2 Corintios 13:14, teniendo en mente que esta es la última carta de Pablo para los de Corinto. Este libro (originalmente una carta) está lleno de una sabiduría y revelación extraordinarias. ¿Qué es lo que Pablo, dirigido por el Espíritu, escoge para concluir esta misiva? *"La comunión del Espíritu Santo sea con todos vosotros"* (v.14). Note que Pablo asocia la palabra "comunión" con el Espíritu Santo. Como alguien que creció en la iglesia católica, cuando yo veía la palabra "comunión", pensaba en pan y en vino. Con claridad podemos ver que esto no es a lo que Pablo se refiere. Entonces, ¿qué significa "comunión con el Espíritu Santo"? Si regresamos al griego original, encontraremos que la palabra "comunión" es *koinonía*. Algunas definiciones que he encontrado para esta palabra griega son: compañerismo, comunicación, intimidad, compartir juntos, interacción social, asociación, participación en conjunto, y una asociación mutua y cercana. ¡Esta es una lista larga y poderosa! Permítame desglosarlas en tres categorías:

Compañerismo

Asociación

Intimidad

Comunión significa compañerismo

Mi diccionario define la palabra compañerismo como "una relación amigable y/o compartir juntos". Amigos íntimos que experimentan compañerismo. Ellos comparten juntos, se hablan, y se mantienen al tanto de lo que sucede en la vida de cada uno.

A este punto seguramente ya se ha dado cuenta de cuánto disfruto jugar golf. Cuando voy a jugar golf, usualmente lo hago con algunos de mis amigos más cercanos. Nos pasamos hablando todo el juego. Es uno de los mejores ambientes para pasar un tiempo de calidad, ya que existen muy pocas distracciones. Cuando estuve en la universidad disfrutaba mucho jugar tenis, pero el problema de jugar tenis es que no podía platicar con mi oponente. Una de las razones principales por la cual amo jugar golf es porque puedo platicar con mis contrincantes. He podido desarrollar más relaciones cercanas en un campo de golf que en ningún otro lugar. Allí es donde ocurre mi "compañerismo". Ahora podrá comprender el gran deseo que tengo de que mi esposa juegue golf conmigo; porque no hay mejor compañía que yo prefiera en este planeta que la de ella.

De la misma forma, algunas de mis amistades más cercanas son miembros del equipo de *Messenger International*. Siempre estamos hablando de nuestros proyectos, retos y metas. Dependo grandemente de la amistad y experiencia de ellos. No sé dónde estaría hoy sin estas maravillosas amistades que incluyen hombres y mujeres. Estamos comprometidos consistentemente los unos con los otros. Sin este compañerismo, la misión de *Messenger International* para enseñar, alcanzar y rescatar sería imposible.

Es evidente en la Escritura que los apóstoles dependían de su compañerismo con el Espíritu Santo. En Hechos leemos:

> *Ahora yo, atado en espíritu, voy a Jerusalén sin saber lo que allá me sucederá, salvo que el Espíritu Santo solemnemente me da testimonio en cada ciudad, diciendo que me esperan cadenas y aflicciones* (Hechos 20:22-23 NBLH).

Pablo conversó con el Espíritu Santo acerca de lo que le esperaba. Note que el Espíritu Santo no le dijo que el sufrimiento y la cárcel le esperaban en una ciudad. Más bien, dada la continuidad de su compañerismo con el Espíritu Santo, Pablo sabía que los sufrimientos le esperaban en más de una ciudad.

Yo no sé de usted, pero si mi compañero, con el que tengo un compañerismo cercano, me está diciendo continuamente que me esperan sufrimientos dondequiera que vaya, estoy seguro que comenzaría a cuestionarle. Diría cosas como: ¿Has cambiado tu manera de pensar?, o ¿Tal vez podrías cambiar esto un poco?, o ¿No te parece que sería mejor algunas inconveniencias en lugar de sufrimientos? El Espíritu Santo no se estaba regocijando en el sufrimiento de Pablo. Más bien lo estaba preparando para lo que venía; Él podía hacer esto porque tenían un compañerismo cercano.

Ha habido veces en las que el Espíritu Santo me ha dicho cosas que no quiero escuchar. Le he seguido preguntando sobre estas cosas (esperando una respuesta diferente), pero siempre ha sido el mismo mensaje día tras día. Cuando hacemos esto por un período de tiempo, Él tiende a callar. Es como si estuviera diciendo: "Ya te lo he dicho bastante claro; ahora decide tú, si vas a aceptar mi dirección o no". Tener un compañerismo cercano con el Espíritu Santo significa que habrá ocasiones donde Él le va a decir cosas que simplemente usted no quiere escuchar.

En Hechos 10:19 encontramos a Pedro recibiendo este tipo de dirección del Espíritu Santo. Dios le da a Pedro una visión que descubre al final.

Era una revelación de Su voluntad para extender salvación a los gentiles. En el verso 19 leemos: *"Y mientras Pedro pensaba en la visión, le dijo el Espíritu: He aquí, tres hombres te buscan".* Estos hombres venían para escoltar a Pedro a la casa de un centurión de los gentiles, un lugar donde un judío devoto simplemente nunca hubiera ido. Por lo tanto, el Espíritu Santo le dice claramente: Oye, tienes unos visitantes aquí, y quiero que vayas con ellos. Te necesito en esta misión. El Espíritu Santo sabía que Pedro no iba a estar contento con esta orden, pero se la dio sin ofrecerle ninguna explicación (vea toda la historia en Hechos 10).

En capítulos anteriores, encontramos otro ejemplo de la dependencia del apóstol en el Espíritu Santo. *"Un ángel del Señor habló a Felipe, diciendo: Levántate y ve hacia el sur, por el camino que desciende de Jerusalén a Gaza"* (Hechos 8:26). Aquí encontramos un ángel del Señor dándole a Felipe una orden. No dice que un ángel se le apareció a Felipe; sino que *"Un ángel del Señor habló a Felipe".* Cada traducción confirma este detalle. ¿Por qué será tan importante esta distinción? A través del pasaje podemos deducir que Felipe podía distinguir la voz de un ángel y la voz del Espíritu Santo, porque más tarde en este mismo capítulo leemos: *"Y el Espíritu dijo a Felipe: Acércate y júntate a ese carro"* (Hechos 8:29).

Felipe estaba familiarizado con la voz del Espíritu Santo, al grado que podía discernir entre la voz del Espíritu y la voz de un ángel. Esto le permitió saber que fue un ángel el que le dijo que fuera a Samaria (donde por cierto se estaba viviendo un gran avivamiento). Una vez Felipe estaba en el desierto, el Espíritu Santo le dijo: *"Júntate a ese carruaje"* (v.29). ¿Por qué era significativo este encuentro? El hombre en el carruaje era el tercero en mando sobre toda Etiopía. A consecuencia de su autoridad e influencia, la salvación y el avance del evangelio comenzarían en esta nación. Si Felipe no hubiera sido sensible a la dirección del Espíritu, hubiera perdido una gran oportunidad para el ministerio.

Algunos capítulos después, encontramos otro acontecimiento que involucra a Timoteo, Pablo y Silas:

> *Y atravesando Frigia y la provincia de Galacia, les fue prohibido por el Espíritu Santo hablar la palabra en Asia; y cuando llegaron a Misia, intentaron ir a Bitinia, pero el Espíritu no se lo permitió* (Hechos 16:6-7).

Note que dice, *"les fue prohibido"* por el Espíritu Santo y que *"el Espíritu no se lo permitió"*.

¿Ha comenzado a ver qué mucha comunicación había entre los líderes de la Iglesia y el Espíritu Santo? ¿Eran los líderes de la Iglesia arcaicos o primitivos en sus métodos porque no tenían sistemas de navegación, teléfonos inteligentes o *iPads?* Absolutamente no. Jamás ninguna tecnología podrá tomar el lugar de la voz del Espíritu Santo. Estos líderes esperaban que el Espíritu Santo estuviera involucrado en sus vidas, y ellos respetaban e invitaban Su presencia.

Nada ha cambiado. El Espíritu desea caminar de la misma manera con nosotros hoy en un compañerismo cercano.

> **EL ESPÍRITU DESEA CAMINAR CON NOSOTROS EN UN COMPAÑERISMO CERCANO.**

¿Se puede imaginar a Lisa y a mí pasando un día entero en nuestra casa, sin decirnos una palabra el uno al otro? Eso sería ridículo. ¿Quién quiere un matrimonio así? Yo amo a mi esposa y deseo estar cerca de ella. Amo escucharla, de hecho, el sonido de su voz es música para mis oídos. Hemos estado casados por más de treinta años, pero si ella fuera soltera (gracias a Dios que no lo es), yo estaría persiguiéndola a diario. Ella es, sin duda alguna, la persona con la que más deseo estar en el planeta. De la misma forma, el Espíritu Santo desea tener un compañerismo cercano con usted.

Me he quedado en cuartos de hoteles por veinticuatro años, y nunca me he aburrido. ¿Cómo me puedo aburrir si Dios está conmigo en cada momento? Él está en el cuarto conmigo. Por esta razón, soy muy celoso de mi tiempo en los cuartos de hoteles. En ocasiones digo: "Quiero estar a solas con el Espíritu Santo, mientras el grupo hace otras cosas". Amo escucharlo hablar. No me malentienda, me gusta estar rodeado de gente; de hecho, ¡me gusta bastante! De ninguna manera soy un ermitaño, amo a la gente, pero valoro mi tiempo, mi compañerismo con el Espíritu Santo.

DÍA 2

Comunión significa asociación

La próxima palabra que se puede usar para describir *koinonía* es asociación. Vemos un ejemplo de lo que esto es en el evangelio de Lucas:

> *"Y habiéndolo hecho, encerraron gran cantidad de peces, y su red se rompía. Entonces hicieron señas a los compañeros que estaban en la otra barca, para que viniesen a ayudarles; y vinieron, y llenaron ambas barcas, de tal manera que se hundían"* (Lucas 5:6-7).

La palabra griega para socios es *metochos* (sinónimo de *koinonía*), y se define como "socio, compañero, camarada".[1] Estos hombres eran socios de negocios. De esta definición entendemos que una buena asociación requiere comunicación y acción; ambas son importantes. Los hombres tuvieron que hacerles señas a sus socios, y luego los socios vinieron a prestarles ayuda.

Ahora vamos a ver lo que probablemente es una de las escrituras más maravillosas e inspiradoras del Nuevo Testamento. Pablo escribe: *"Porque nosotros somos colaboradores en la labor de Dios"* (1 Corintios 3:9 NBHL). ¿No es esto asombroso? Me gusta la traducción de Richard Weymouth, que lo pone de esta manera: *"[Somos] colaboradores para y con Dios"*. Se nos ha dado la oportunidad de trabajar para y con el Creador de los cielos y la tierra. Otra manera de ponerlo sería que se nos permite trabajar en asociación con Dios. ¡Qué preciosa invitación!

En Hechos 15 vemos un elemento de asociación en acción. Los apóstoles estaban escribiendo una carta para enviarla a todos los creyentes gentiles, en la cual decían: *"Porque ha parecido bien al Espíritu Santo, y a nosotros,"* (Hechos 15:28). Podemos ver claramente un trabajo de asociación. Los líderes expresaron distintivamente ambos puntos de vista, el de ellos y el del Espíritu Santo, referentes a una situación en particular. Ambas partes participaron en la decisión. Eran socios en el trabajo del Reino.

Podemos ver en el Antiguo Testamento la misma idea de asociación. ¿Recuerda el pasaje cuando Dios se le presentó a Abraham en el encinar de Mamre, para discutir Sus planes de destrucción para Sodoma y Gomorra? Dios ve a Abraham claramente como su socio. Dios y Abraham caminaron a un precipicio y Dios dijo: "Estoy considerando explotar estas dos ciudades, ¿qué piensas de esto Abraham?" (paráfrasis del autor). Abraham está muy preocupado porque su sobrino vivía en una de estas dos ciudades. Después de tomar muchas cosas en consideración, él convence a Dios de que no destruyera estas ciudades si encontraba en ella diez personas justas.

Dios le dio valor al punto de vista de Abraham. Él dice en Génesis 18:17: *"¿Encubriré yo a Abraham lo que voy a hacer?"*. Está bien claro que Dios quería mantener a Abraham al tanto de sus planes. ¿Por qué? Porque Abraham tenía una comunión cercana, o asociación con Dios.

De manera similar vemos esto en la vida de Moisés. Dios le dice a Moisés: *"Ahora, pues, déjame que se encienda mi ira en ellos, y los consuma; y de ti yo haré una nación grande"* (Éxodo 32:10). Después de escuchar esto, Moisés procede a convencer a Dios para que aplacara su ira, y cambiara sus planes. Es fácil para nosotros leer esto hoy, e interpretar lo que significa. Pero haga un alto y piense: Moisés pudo recordarle a Dios lo que era mejor para Él y Su pueblo, aún después que Dios dijera: *"Ahora, pues, déjame"* (v.10). Moisés trabajó en asociación con Dios.

A este punto, es importante para nosotros reconocer que Dios es el Todopoderoso, y merece nuestra reverencia siempre. Es solo por Su gracia y poder que nosotros podemos ser socios de Él. Él ha decidido que formemos parte de Su gran plan y diseño. ¡Y qué privilegio nos ha dado a través de esta decisión!

Estos son dos grandes acontecimientos del Antiguo Testamento, pero la realidad es que Abraham y Moisés no tuvieron lo que nosotros tenemos hoy. Hubo momentos y ocasiones específicas donde estos gigantes de la fe pudieron asociarse con Dios de esta forma. Sin embargo, el Espíritu Santo vive dentro de nosotros veinticuatro horas al día, siete días a la semana. No necesitamos que Él nos visite en un encinar, o escalar literalmente el monte Sinaí para relacionarnos con Él. Tenemos acceso directo todo el tiempo. Y lo mejor de todo es que Él desea trabajar en asociación con nosotros para dirigir nuestros pasos, y escuchar nuestros pensamientos.

No solo está con nosotros en todo tiempo, sino que tampoco necesita dormir. Recientemente, yo estaba despierto a las 2:20 de la madrugada y no podía dormir porque estaba emocionado, ya que iba a ministrar al otro día. Así que me levanté y hablé con mi Socio. Sabía que Él estaba despierto. Él no me dijo:

EL ESPÍRITU SANTO VIVE DENTRO DE NOSOTROS VEINTICUATRO HORAS AL DÍA, SIETE DÍAS A LA SEMANA.

"¿John, por qué me despertaste?". Ahora, si hubiera sido mi esposa me dice: "John, ¿por qué rayos me estás despertando tan temprano en la mañana?". Y yo hubiera respondido: "Simplemente quería platicar contigo". Me hubiera tirado con la almohada. Ella es muy celosa con sus horas de sueño, así que no la despierto (y ella sabe lo mismo de mí, cuando las circunstancias son al revés). Pero el Espíritu Santo me da la bienvenida a cualquier hora. A Él le emociona hablarme de lo que viene, y hasta a veces me da un vislumbre de lo que va a suceder. Por eso es que me gusta empezar todos los días en Su presencia. Él es mi Socio, y nuestra comunión es una parte vital de mi día.

Es importante notar que el Espíritu Santo es el Socio mayor en esta relación. Pablo les dijo a los líderes de Éfeso:

"Por tanto, mirad por vosotros, y por todo el rebaño en que el Espíritu Santo os ha puesto por obispos, para apacentar la iglesia del Señor, la cual él ganó por su propia sangre" (Hechos 20:28).

Note que Pablo no dijo: el rebaño, del cual Jesús los ha puesto como obispos. Este verso ilustra perfectamente la asociación de Jesús con el Espíritu Santo. Jesús compró la Iglesia de Dios con *"Su propia sangre"*. El Espíritu Santo, como miembro de la Deidad que reside actualmente en la tierra, ahora asigna los obispos de la Iglesia y maneja sus asuntos. Él está a cargo; Él es el Socio mayor. Pablo era bien consciente del hecho de que el Espíritu Santo es el que reside con y en nosotros.

Otro ejemplo de esto lo podemos encontrar en Hechos 13:

> *Ministrando éstos al Señor, y ayunando, dijo el Espíritu Santo:*
> *Apartadme a Bernabé y a Saulo para la obra a que los he llama-*
> *do. (…) entonces, enviados por el Espíritu Santo, descendieron*
> *a Seleucia* (Hechos 13:2-4).

Una vez más, vemos con claridad al Espíritu Santo identificado como el que estaba en asociación (en comunión) con los apóstoles. Recuerde: Jesús está en el cielo con su Padre. El Espíritu Santo ha sido enviado a la tierra para asociarse con nosotros en esta vida maravillosa.

DÍA 3

Comunión significa asociación mutua y cercana

Miremos nuevamente en 2 Corintios 13:14: *"La gracia de nuestro Señor Jesucristo, y el amor de Dios, y la comunión del Espíritu Santo sea con todos vosotros. Amén"*. Ahora que hemos definido comunión como "compañerismo," vea este verso a través de su nuevo entendimiento de los dos términos. ¿Está empezando a comprender la magnitud de la declaración de Pablo? Pero no termina ahí. La palabra *koinonía* también encierra lo que es "asociación mutua y cercana."

Con este comentario le voy a decir mi edad, pero cuando yo pienso en "asociación mutua y cercana", pienso en los Beatles. Cuando era niño (mucho antes de que los Beatles se separaran), si alguien decía "Paul McCartney", yo inmediatamente pensaba en los otros Beatles: John Lennon, George Harrison y Ringo Starr. En aquel tiempo ni pensaba en los Beatles como individuos; eran simplemente los Beatles.

Otro ejemplo de una asociación mutua y cercana es la de los Tres Chiflados. No podían ser los tres chiflados sin Moe, Larry o Curly, los tres juntos. Un episodio que solo tuviera a Moe hubiera sido bastante ridículo. Lo que hacía que los "Tres Chiflados" fuera un buen programa era el hecho de que estaban juntos. Los chiflados dependían el uno del otro.

Cuando pienso en personas que caminan en una asociación mutua y cercana con el Espíritu Santo, una de las primeras que viene a mi mente es el Dr. David Yonggi Cho. El Dr. Cho pastorea una de las iglesias más grandes del mundo. Nunca voy a olvidar cuando lo conocí por primera vez en el 1980. Trabajar como anfitrión durante su primera visita a la iglesia donde me congregaba, me dio la oportunidad de darle la bienvenida y atenderlo como nuestro orador invitado. Para cuando conocí al Dr. Cho ya tenía varios años haciendo este trabajo, y había atendido a varias decenas de ministros. Sin embargo, mi encuentro con el Dr. Cho fue único. Cuando subió a mi auto, la presencia de Dios vino con él. Pudiera decir que casi inmediatamente comencé a llorar; lágrimas corrían por mis mejillas. Traté de mantenerme en silencio, ya que no quería molestarlo antes de ministrar, pero eventualmente tuve que hablar. Le dije discreta y suavemente: "Dr. Cho, Dios está aquí en este auto". Él sonrió, y asintiendo con su cabeza dijo: "Yo lo sé". Este encuentro tiene y cobra más sentido para mí, cuando considero lo mucho que el Dr. Cho ha escrito y predicado acerca de su relación con el Espíritu Santo. Le he escuchado decir que ora por cuatro horas al día, mayormente en el Espíritu. Para el Dr. Cho el tiempo de calidad que invierte con el Espíritu Santo es una prioridad. Por esa razón la presencia de Dios es tan fuerte en su vida.

Algunos años atrás prediqué sobre el Espíritu Santo durante un servicio dominical en una iglesia grande. Esa noche, cuando regresamos al servicio de la tarde, se suponía que empezara a enseñar cuarenta y cinco minutos después del equipo de alabanza.

En lugar de esto, el Espíritu Santo comenzó a moverse, y las personas empezaron a sanarse y a salvarse. Yo no recibí el micrófono por aproximadamente dos horas. Finalmente, antes de que se me diera la parte, el pastor (quién no es débil) vino a mí en lágrimas para decirme: "¡John, en los ocho años que he dirigido esta iglesia, nunca había sentido la presencia de Dios tan fuerte!", a lo que inmediatamente respondí: "Hay una razón para esto. Es porque hablamos sobre el Espíritu Santo esta mañana, y cuando se habla de Él, Él se manifiesta". Esto ilustra perfectamente lo que sucede cuando como creyentes caminamos en asociación mutua y cercana con el Espíritu Santo.

Comunión significa intimidad

El último significado de *koinonía* es "intimidad." Esta es la palabra que mejor describe la manera en la cual Pablo usó *koinonía* en 2 Corintios 13:14. La intimidad se puede desarrollar solamente a través de comunión o relación, pero va más allá de la connotación de estos dos términos. Intimidad va a la profundidad de los pensamientos, secretos y deseos del corazón.

En la traducción directa de la versión bíblica *The Message*, leemos: "*La amistad íntima del Espíritu Santo sea con todos ustedes*" (2 Corintios 13:14). Yo miro la intimidad como el máximo nivel de la amistad. Nunca olvide que el Espíritu Santo desea ser Su amigo; Él anhela su compañerismo. Santiago 4:5 dice: "*El Espíritu que él ha hecho morar en nosotros nos anhela celosamente*". Él es celoso de usted, y anhela su tiempo y atención. Solo piense: el Espíritu Santo es Dios, y nada le es oculto. Su conocimiento, sabiduría y entendimiento no tienen límites, y Él anhela revelarse a nosotros. Cuando yo descubro y entiendo el valor o la importancia de algo, deseo con pasión compartirlo con aquellos que están cerca de mí. Seguramente no es nada diferente con el Espíritu Santo y nosotros.

Frecuentemente, los creyentes intentan acercarse a Jesús fuera de una relación con el Espíritu Santo. Esto es similar al error que los fariseos cometieron en el capítulo 8 del libro de Juan. Ellos le dijeron a Jesús:

> *Nosotros no somos hijos nacidos de prostitución (…) Un solo Padre tenemos, y es Dios mismo. -Si Dios fuera su Padre- les contestó Jesús-, ustedes me amarían, porque yo he venido de Dios y aquí me tienen. No he venido por mi propia cuenta, sino que él me envió* (Juan 8:41-42 NVI).

Los fariseos querían una relación con el Padre fuera de Jesús. No estaban dispuestos a aceptar que Dios tenía algo diferente en mente. Jesús les explicó a los fariseos que Él y el Padre eran uno. De hecho, más adelante les dijo: "*Si ustedes realmente me conocieran, conocerían también a mi Padre*" (Juan 14:7 NVI). Pero los fariseos simplemente se rehusaban a escuchar. Porque no estaban dispuestos a venir al Padre a través del Hijo, por lo tanto no podían verdaderamente acercarse al Padre en lo absoluto.

De la misma forma, Jesús hizo claro que Él ya no está en la tierra y que el Padre envió al Espíritu Santo (uno que es tal como nuestro Salvador) para que fuera nuestro Ayudador (vea Juan 16:7 TLA). El Espíritu ha sido enviado para revelar a Jesús, así como el Hijo fue enviado para revelar al Padre. Necesitamos recordar que al Espíritu Santo le fascina glorificar a Jesús. Así que si verdaderamente usted quiere conocer a Jesús, necesita pasar tiempo con el Espíritu Santo. El Espíritu le revelará a Jesús claramente. Pero el Espíritu Santo se manifestará solamente donde es honrado. Mientras honramos al Espíritu Santo, Él se revelará a nosotros, y nosotros disfrutaremos de Su maravillosa presencia y seremos conscientes de Él.

En los últimos treinta años de ministerio, nunca he visto algo diferente a esto: las personas que conocen mejor a Jesús son aquellos que tienen más intimidad con el Espíritu Santo. Esto tiene sentido porque el Espíritu es el que nos revela a Jesús.

Entendiendo la personalidad del Espíritu

Para tener intimidad con alguien, necesitamos lograr entender y conocer la personalidad de la persona con quien deseamos intimar. Este entendimiento amplificará naturalmente nuestra comunión, y traerá niveles de intimidad más profundos.

Por mucho tiempo yo traté a mis cuatro hijos de la misma forma. Esto naturalmente creó algunos problemas. ¿Por qué no era efectiva esta forma de criar? Porque cada uno de mis hijos tiene su propia personalidad. Mi esposa fue muy sensible a esto, y me enseñó para que aprendiera las diferencias entre ellos. Al entender la individualidad de cada uno de mis hijos, esto me enseñó, y mejoró grandemente mi relación con ellos.

Como tengo mucha intimidad con mi esposa, puedo entender cómo ella se expresa sobre sí misma. Hemos desarrollado esta clase de intimidad porque llevamos casados más de treinta años, y la intimidad es producto del tiempo invertido. Con una sola mirada que Lisa me dé, yo podría escribir páginas de lo que ella está pensando. Hay otras ocasiones cuando yo puedo discernir lo que Lisa quiere sin que exprese una palabra. Si usted me dijera: John, hoy le voy servir tocinetas, huevos y tortillas, yo le podría contestar sin vacilar: "¿Sabe qué? Lisa no quiere tortillas o tocineta". No necesitaría preguntarle; yo ya sé que a ella no le gustan ni la tocineta ni las tortillas. Este es un ejemplo bien superficial, pero encierra la misma verdad en cuanto a asuntos personales. Esta clase de intimidad no sucede de la noche a la mañana. Tuvo que cultivarse a través de los años, y el tiempo de calidad invertido en comunicación. Nadie conoce lo que le gusta y lo que no le gusta a mi esposa mejor que yo, y nadie conoce lo que me gusta y lo que no me gusta mejor que ella. En la misma manera, crece nuestro entendimiento sobre el Espíritu Santo mientras nos comprometemos a comunicarnos con Él y pasar tiempo en Su presencia.

DÍA 4

La complejidad de Su carácter

Es muy evidente que el Espíritu Santo es una persona. Quiero aclarar nuevamente que al llamarlo una persona, no lo estoy llamando humano. Recuerde, los humanos fueron creados a la semejanza de Dios. Esto significa que los aspectos que nosotros consideramos "personalidad" reflejan lo que existía primero en Dios, pero Dios no es una semejanza exacta de nosotros. Por lo tanto, hay facetas de Su persona que nunca van a concordar con nuestras ideas personales.

Descubrí algo que me ha ayudado en cómo me relaciono e interactúo con el Espíritu Santo. Mientras estudiaba los pronombres usados para el Espíritu Santo en el griego original, pude notar que el pronombre usado con regularidad para referirse al Espíritu Santo es uno de género neutral (no es explícito si es hombre o mujer). De hecho, puede ser usado para cualquiera de los dos mientras describe una sola persona.

En nuestro idioma no tenemos este pronombre de género neutral. Usamos los pronombres de "él" y "ella" para referirnos a un hombre y/o una mujer. No hay un pronombre de género neutral para masculino o femenino, pero sí existe en el griego, y lo encontramos en el Nuevo Testamento haciendo referencia al Espíritu Santo. Nuevamente este pronombre se refiere a un ser, no a un objeto.

En el Antiguo Testamento, encontraremos algo similar.

En el hebreo original, hay muchos casos donde la acción asignada al Espíritu Santo es femenina por función (no de forma femenina). Los hebreos con frecuencia escribían de acuerdo a la función (de acuerdo a lo que alguien o algo hizo, opuesto a lo que era).

En ningún lugar de la Escritura se describe al Espíritu Santo como alguien femenino, pero Sus acciones sí. Por algún motivo, el atributo asignado era de la femineidad, repito, en el hebreo original.

Este es un tema muy profundo, y no tengo el espacio para expandir o abarcar más, pero permítame hacer algo claro: no creo que el Espíritu Santo es femenino. De hecho, voy a ser más directo: el Espíritu Santo no es femenino. Algunas personas enseñan esta doctrina, y personalmente la encuentro sin fundamento y bastante sensacionalista. Así que quítese esa idea de la cabeza. El Espíritu Santo no es una diosa.

Lo que estoy diciendo es: debemos recordar que Dios no fue creado a nuestra imagen. Nosotros fuimos creados a Su imagen. Soy consciente de que esto puede sonar elemental, pero es una verdad importantísima mientras continuamos nuestro estudio. En Génesis 1:27 leemos: "*Y creó Dios al hombre a su imagen, a imagen de Dios lo creó; varón y hembra los creó*". Otras traducciones dicen "*Dios creó al hombre*" o a la "*humanidad*". Personalmente, creo que "seres humanos" o "humanidad" serían la mejor traducción. Entonces aquí en el Génesis aprendemos que Dios creó al hombre y a la mujer a Su imagen. La pregunta entonces sería, si Él los creó a ambos a Su imagen, hombre y mujer, ¿no significa esto que las características que consideramos "femeninas" tienen su origen en Dios? ¿Será posible que el Espíritu Santo sobrepase o transcienda nuestro entendimiento del término femenino y masculino? Debe ser porque ambos, hombres y mujeres, fueron creados a imagen de Dios.

Este concepto es muy controversial y, para ser franco, puede ser hasta confuso. Pero creo que es uno de los misterios que no llegaremos a comprender por entero hasta que entremos a la eternidad. Entonces, ¿por qué estoy escribiendo bajo este tópico?

No hubiera incluido este concepto si no hubiese considerado que mejoraría su entendimiento al tener una relación con el Espíritu Santo.

Él es tierno y afectuoso

Permítame hablarle un poco más acerca de mi trasfondo antes de proseguir. Mi padre es un veterano de la Segunda Guerra Mundial. Tiene noventa y tres años, y lo amo profundamente. Mi papá me enseñó muchas cosas, las cuales me han beneficiado en el transcurso de mi vida. Sin embargo, una de las cosas para las que no me preparó fue para el matrimonio. Pedro dijo en una ocasión: *"Convivan de manera comprensiva con sus mujeres"* (1 Pedro 3:7 NBLH). Cuando yo me casé con Lisa, no la traté de una manera comprensiva. Lisa es el primer amor de mi vida. Nunca tuve intimidad con una mujer antes que ella. Así que yo la trataba como a uno de mis amigos. Como se puede imaginar, este acercamiento no tuvo éxito. Yo tuve que aprender a interactuar con ella como mujer.

Una de las cosas que tuve que aprender fue a cómo hablarle con ternura. Desafortunadamente, ha habido ocasiones en las que me he comunicado ásperamente con miembros de mi familia. Afortunadamente, el Espíritu Santo me ha dado convicción, y luego he podido pedir perdón y enmendar las cosas. En una ocasión me comporté inapropiadamente con uno de mis hijos; tuve que ir y pedirle perdón. Él me perdonó de inmediato y todo se arregló entre nosotros. Con Lisa, la historia fue diferente. Ella estuvo enojada conmigo por varios días por la manera tan fuerte en la que le hablé a mi hijo. Esto no fue un asunto de ofensa; es la consecuencia de su sensibilidad en las relaciones. Mi hijo y yo nos reconciliamos casi de inmediato, pero tuve que poner un poco más de esfuerzo para restaurar la comunicación con mi esposa. Dos días después del incidente, ella me dijo: "Todavía resiento la manera en la que le hablaste a nuestro hijo". He aprendido que esto es un regalo en la vida de Lisa. Como muchas mujeres, ella es muy relacional y muy protectora de los que están cerca de ella.

¿Será posible que el Espíritu Santo posea esta gran cualidad en las relaciones, las que usualmente consideramos ser femeninas? Efesios 4:30 dice: *"Y no contristéis al Espíritu Santo de Dios"*. Como lo señala Rick Renner en *Sparkling Gems from the Greek* (Joyas Brillantes del Griego), lo que la palabra "entristezca" encierra es "profunda angustia y dolor". Viene de una palabra griega que denota el dolor que solo se puede experimentar entre dos personas que se quieren profundamente. Así que lo que Pablo está diciendo en esencia es: "No hieras gravemente al que te ama profundamente". Ahora vamos a leer en contexto esta Escritura:

> *No salga de la boca de ustedes ninguna palabra mala (corrompida), sino sólo la que sea buena para edificación, según la necesidad del momento, para que imparta gracia a los que escuchan.*

> *Y no entristezcan al Espíritu Santo de Dios, por el cual fueron sellados para el día de la redención. Sea quitada de ustedes toda amargura, enojo, ira, gritos, insultos, así como toda malicia. Sean más bien amables unos con otros, misericordiosos, perdonándose unos a otros, así como también Dios los perdonó en Cristo* (Efesios 4:29-32 NBLH).

¿Puede darse cuenta de la ternura del Espíritu Santo?

La ternura es una cualidad digna de ser admirada. Pablo nos encarga ser de corazón tierno. Si yo quiero disfrutar una relación saludable con mi esposa, me conviene ser tierno y hablarles de la misma manera a mis hijos. De igual forma, para nosotros disfrutar de una relación saludable con el Espíritu Santo, tenemos que ser sensibles a las cosas que le causan tristeza. Es bastante interesante que Pablo identifique la profunda tristeza del Espíritu Santo con el siguiente comportamiento: palabras malas y abusivas, ira, amargura, enojos, insultos y gritos. Muy parecido al que mi esposa se entristezca por un comportamiento similar. Nuevamente, ¿no nos revela esto evidencia de que el Espíritu posee una cualidad para relacionarse, que típicamente la consideraríamos ser femenina?

Note que Pablo no dice: "No entristezcan a Jesús". De igual forma tampoco dice: "No entristezcan al Padre". Él especifica: *"No entristezcan al Espíritu"*. El Espíritu Santo ha hecho de nuestros corazones su morada. Dondequiera que vayamos, Él va; esta es una asociación íntima. Por lo tanto, a Él le afecta profundamente lo que permitimos entrar a nuestras vidas.

Considere esto desde otro ángulo. Si alguien me dice una mala palabra, no es gran cosa para mí. Pero si alguien le dice una mala palabra a mi esposa, entonces sí que se ha metido en un problema bien grande. Jesús hace referencia a algo similar cuando dijo:

> *A cualquiera que dijere una palabra contra el Hijo del Hombre, le será perdonado; pero al que hable contra el Espíritu Santo, no se le será perdonado, ni en este siglo ni en el venidero* (Mateo 12:32).

¿No se le hace interesante que el Dios Padre (revelado por el Hijo, el cual solo habló Su voluntad) ponga Su protección en el Espíritu Santo? El Padre aplica esta protección no a Jesús, no a Su persona, sino al Espíritu Santo.

La relación entre el Padre, el Hijo y el Espíritu Santo es un misterio que tal vez no lleguemos a entender completamente. Pero es interesante notar la distinción en nuestra relación con el Espíritu Santo. Nuestra interacción con Él es para ser atesorada y protegida. Es importante para nosotros entender que le podemos causar tristeza, y algunas veces un dolor profundo. ¿Por qué es esto tan importante para su relación con Él? Porque la manifestación de Su presencia en su vida puede verse frustrada al no tener pleno conocimiento de cómo relacionarse con Él.

DÍA 5

Él es sensible, pero a la misma vez, fuerte

Al Espíritu Santo se le llama el Consolador, ¿correcto? ¿A quién corren los niños cuando se dan un golpe? Ellos corren a mamá. De hecho, varios estados en los Estados Unidos de América han creado políticas que resaltan el rol de un oficial femenino para tratar con crímenes que involucran a jóvenes. Hawaii tiene una política que anima a las oficiales femeninas a ser las primeras en intervenir cuando se arresta a un joven. Ellos han aprendido que los jóvenes responden mejor a una mujer policía. Las mujeres por naturaleza expresan una habilidad innata para alentar y consolar. Otra vez, con esta distinción no estoy diciendo que el Espíritu Santo es una mujer.

En algunas cosas yo comparo al Espíritu Santo con el rey David.

¿Ha notado lo tierno, compasivo y sensible que era el rey David? Cuando Absalom murió, él lloró, aún cuando él mismo fue el que dio la orden para que el ejército terminara la rebelión de Absalom (vea 2 Samuel 19). En múltiples ocasiones encontramos a David llorando y escribiendo canciones. Su relación con Jonatán es uno de los mejores ejemplos en toda la Escritura para describir una amistad íntima. Pero no olvidemos que David era un guerrero, uno que derrotó a un gigante, y mató a miles de hombres. Él fue el líder de hombres poderosos, posiblemente el mejor grupo de hombres guerreros en la historia de Israel (vea 2 Samuel 23). En una ocasión, David planificó matar a un hombre que rehusó darles agua y comida a sus seguidores (vea 1 Samuel 25). David no era un debilucho; él era un guerrero. Aún así fue tierno y sensitivo.

Permítame recordarle que al Espíritu Santo se le conoce también como el Espíritu de fuerza (vea Isaías 11:2 DHH). Él es todopoderoso, y de ninguna manera es débil o impotente. Pero a la misma vez, es de corazón tierno y siente las cosas profundamente. Él puede entristecerse por nuestras palabras o acciones. ¡Qué Dios tan maravilloso!

No se me alarme si le está costando trabajo entender la complejidad de Su personalidad. Debemos recordar siempre que Su personalidad no puede ser entendida a través de nuestra capacidad humana. Sin embargo, Él ha prometido revelarse a nosotros si nos acercamos a Él. ¡Qué invitación!

Como lo he mencionado anteriormente, no hay manera en la cual yo pueda completamente describir el misterio y la gloria del Espíritu Santo (vea 1 Corintios 2:6-16). Mi meta es simplemente presentarlo para que usted pueda descubrir Su grandeza y disfrutar Su presencia en su vida.

Tenga cuidado de no entristecerlo

Recientemente me abstuve de mirar televisión por un período de tiempo. Mi comunión con Dios fue tan poderosa mientras me sumergía en la oración y en la Palabra. Durante este tiempo caminé a nuestra sala donde mis hijos estaban viendo una película. No era una película mala, pero cuando yo pasé la escena que estaban presentando, era la de un hombre matando a una mujer. Inmediatamente me fui de la sala, ya que mi sensibilidad al Espíritu había crecido durante mi tiempo de comunión con Él. Pude sentir Su tristeza por las imágenes que había en la pantalla.

Nunca debemos olvidar que el Espíritu Santo ha decidido hacer de nosotros Su residencia permanente. Cuando usted mira una película, usted la está mirando con Él. El Dios del universo, el cual es Santo e Infinito en poder, está con usted. Él está siempre con nosotros porque ha prometido no dejarnos ni abandonarnos. Pero usted encontrará que cuando lo exponemos a una situación que lo entristece, Él calla inmediatamente.

¿Cuál debe ser nuestra respuesta cuando le hemos causado tristeza al Espíritu? Debemos pedirle perdón inmediatamente, pero debe ser un perdón que encierre sinceridad. Cuando yo he entristecido a mi esposa, un acercamiento rápido como "vamos a arreglarnos" nunca trabaja. Lisa puede leerme desde lejos. Ella sabe que yo simplemente quiero continuar con la vida, en lugar de tratar de resolver el problema que ha causado un rompimiento en nuestra comunión. El deseo de Lisa no es condenarme. Por el contrario, quiere asegurarse de que no hay nada artificial o poco sincero en nuestra comunión. De la misma forma, el Espíritu de Dios es celoso con nosotros. Él no está interesado en una comunión artificial, sino una intimidad genuina.

Anteriormente en este capítulo yo hice referencia a una ocasión en la cual le hablé a uno de mis hijos ásperamente. Por los próximos días después del incidente, el Espíritu Santo seguía recordándome lo que había pasado, en mi tiempo de oración. Esto no era condenación. Era un problema de comunión. Yo no me había dado cuenta de lo mucho que lo había entristecido, y las primeras veces le pedí perdón, pero no era porque sentía tristeza. Estaba más preocupado por simplemente dejar el asunto atrás. Su tierna insistencia me llevó a un lugar de verdadera y profunda tristeza, lo cual luego Él usó para limpiar mi alma (mente, voluntad, emociones).

Pablo se dirige a la iglesia de los Corintios de una manera similar después de su desobediencia, la cual causó una separación en su comunión con Dios. Él escribió (y mientras lee sus palabras, tenga en mente que vienen del Espíritu de Dios):

> Porque he aquí, esto mismo de que hayáis sido contristados según Dios, ¡qué solicitud produjo en vosotros, qué defensa, qué indignación, qué temor, qué ardiente afecto, qué celo, y qué vindicación! En todo os habéis mostrado limpios en el asunto (2 Corintios 7:11).

Gracias a Dios que hemos sido perdonados y lavados por la sangre del Cordero. Pero mientras como creyentes nos presentamos justos delante de Dios, todavía necesitamos restablecer comunión con el Espíritu Santo cuando le hemos ofendido. Tal como el apóstol Pablo hizo con los corintios hasta que se arrepintieron de corazón, de la misma forma el Espíritu Santo insiste en convencernos porque es celoso de nuestra comunión genuina con Él. La profunda y verdadera tristeza que experimenté produjo una urgencia genuina de aclarar las cosas, y que mi alma volviera a conectarse con Él en comunión. ¡Gracias sean dadas a Dios que el Espíritu Santo es rápido para perdonar!

Nunca olvide: el Espíritu Santo es gentil, compasivo y consolador (cualidades que con frecuencia las atribuimos a una mujer); pero también es poderoso, fuerte; y como un guerrero (cualidades que con frecuencia son atribuidas a un hombre). Debemos aprender más y más de Su personalidad si queremos vivir íntimamente con Él. Necesitamos conectarnos con Él bajo sus términos. Mientras crecemos en el conocimiento de quién es el Espíritu Santo, podremos experimentar una comunión más profunda con el Todopoderoso.

Algunas veces trato de hablar sobre golf con mi esposa. Digo cosas como: "Amor, ¿a que no sabes? ¡Hice un tiro de 68 hoy!". Mis hijos estarían emocionados y dirían: "¡Papá, cuéntanos todo lo que hiciste en el juego hoy!". Mi esposa, por el contrario, estaría más interesada en las conversaciones que tuve con mis amigos. Eso es lo que realmente le emociona; las relaciones. De la misma forma, debemos descubrir lo que le interesa y agrada al Espíritu de Dios. Mientras exploramos Su grandeza al leer la Palabra, y pasamos tiempo de calidad en Su presencia, Él se revelará a nosotros fielmente. ¡Qué promesa!

DEVO DÍA 1

¡Usted puede oír la voz de Dios!

El que es de Dios escucha lo que Dios dice...

—Juan 8:47 NVI

Sí, ¡usted puede oír la voz de Dios! Él sigue hablando a su pueblo en la actualidad, y nos habla por medio de su precioso Espíritu Santo. En un esfuerzo por conectar a los cristianos en una relación más profunda y más personal con Dios, los autores Henry Blackaby y Claude King comparten:

> "Dios habló claramente a su pueblo en Hechos. Él nos habla claramente a nosotros hoy. Desde el libro de Hechos hasta el presente, Dios ha estado hablando a su pueblo *mediante el Espíritu Santo*... Porque Él está siempre presente en un creyente, puede hablarle claramente en cualquier momento y de cualquier manera que Él escoja".[1]

Jesús declaró que Él es el Buen Pastor y nosotros somos sus ovejas que podemos oír y conocer su voz. Medite en sus palabras en Juan 10:3-5, 11, 14, 27. ¿Qué le está revelando el Espíritu Santo?

_____

_____

_____

Un nombre dado para el Espíritu Santo es *el Espíritu de verdad*. ¿A qué se debe eso? Blackaby continúa:

> "Usted y yo no podemos entender la verdad de Dios a menos que el Espíritu Santo de Dios la revele. Él es nuestro Maestro. Cuando Él le enseñe la Palabra de Dios, siéntese delante de Él y respóndale. Cuando ore, esté atento para ver cómo

Él usa la Palabra de Dios para confirmar en su corazón una palabra de parte de Dios. Observe lo que Él está haciendo alrededor de usted en las circunstancias. El Dios que le habla cuando usted ora y el Dios que le habla en las Escrituras es el Dios que está obrando a su alrededor. Dios habla por el Espíritu Santo mediante la Biblia, la oración, las circunstancias y la iglesia para revelarse a sí mismo, sus propósitos y sus caminos".[2]

Por lo tanto, ¿cuáles son algunas de las principales cosas que puede esperar que el Espíritu Santo le revele? Lea con atención las palabras de Jesús en Juan 14:26; 15:26 y 16:12-15 e identifique cinco cosas que el Espíritu enseña.

_____

_____

_____

¿Cuál es la clave para conocer la voz de Dios? Blackaby y King continúan:

"La clave para conocer la voz de Dios no es una fórmula; no es un método que se pueda seguir. Conocer la voz de Dios viene de una relación de amor íntima con Dios... A medida que Dios le habla y usted responde, llegará al punto en que reconocerá su voz cada vez con mayor claridad".[3]

Relación es la clave para conocer y oír la voz de Dios. Enoc, Noé, Abraham y muchos otros experimentaron esto de primera mano, y también usted puede hacerlo. ¿Qué principio en Amós 3:7, Daniel 2:22 y Salmos 25:14 está reflejado en Juan 15:15, 1 Corintios 2:9-10 y Efesios 1:9? ¿Cómo le alienta eso como creyente de "los últimos tiempos"?

_____

_____

_____

Para ver ejemplos, lea las vidas de Enoc (Génesis 5:21-24), Noé (Génesis 6:9-18), Abraham (Génesis 18:16-22) y Pedro (Hechos 10:9-23).

DEVO DÍA 2

Su presencia es la necesidad vital de usted

Tú has dicho: Busca mi rostro [inquiere y requiere
mi presencia como tu necesidad vital]. Mi corazón te
dice: Tu rostro [tu presencia], Señor, buscaré...

—Salmos 27:8 AMP (traducción directa)

David no era un hombre promedio. Tenía *una cosa* que ardía en su corazón, un anhelo que consumía su conciencia. Él tenía una pasión por la presencia de Dios. Dijo: *"Lo único que le pido al Señor —lo que más anhelo— es vivir en la casa del Señor todos los días de mi vida, deleitándome en la perfección del Señor y meditando dentro de su templo"* (Salmos 27:4 NTV).

Nada, absolutamente nada, es más valioso que la presencia continua de Dios y tenerlo a Él como nuestro Compañero. Como el Padre y el Hijo están en el cielo, el Espíritu Santo ha sido posicionado en la tierra para manifestar la presencia de Dios en cada creyente y por medio de él. Nicholas Herman, más conocido como Hermano Lawrence, aprendió a "practicar la presencia de Dios", y convirtió en su misión el ayudar a otros a hacer lo mismo. Según este monje del siglo XVII:

"La práctica más santa y necesaria en nuestra vida espiritual es la presencia de Dios. Eso significa encontrar deleite constante en su divina compañía, hablar humildemente y amorosamente con Él en todo tiempo, en cada momento, sin limitar la conversación en manera alguna".[4]

Haga una pausa y piense: *¿Cuán vital es la presencia de Dios en mi vida?* *¿Cómo sería la vida sin Él?* Imagine levantarse mañana *sin* la presencia del

Espíritu Santo. Repase la lista de sus nombres y papeles. Con una perspectiva renovada, escriba cuán vital es su presencia para usted.

_____

_____

_____

¿Cuándo y dónde hemos de experimentar la presencia del Espíritu Santo? Lawrence continúa:

> "No es necesario que nos quedemos en la iglesia a fin de permanecer en la presencia de Dios. Podemos convertir nuestros corazones en capillas personales donde podemos entrar en cualquier momento para hablar con Dios en privado. Esas conversaciones pueden ser muy amorosas y amables, y cualquiera puede tenerlas. ¿Hay alguna razón para no comenzar?".[5]

Sin duda alguna, necesitamos tiempo de calidad en la presencia del Espíritu Santo, un tiempo para enfocar nuestra atención totalmente en Él. Esto incluye cosas como tiempo en su Palabra, hablar con Él y escucharle, darle gracias y alabarle, y también estar en silencio. Haga una pausa y ore: "Espíritu Santo, ¿cómo debería ser *mi* tiempo devocional contigo en esta etapa de mi vida?". Anote lo que Él le revele.

_____

_____

_____

¿Cómo podemos practicar la presencia de Dios? El Hermano Lawrence dijo: "Simplemente preséntese ante Dios... y fije su atención en su presencia. Si su mente divaga a veces, no se moleste, porque estar molesto solamente le distraerá más. Permita que su voluntad vuelva otra vez su atención a Dios... *cultive el santo hábito de pensar en Él con frecuencia*".[6] Haga una pausa y ore: "Espíritu Santo, ¿qué puedo hacer para enfocar mi atención más en ti?". Escuche su respuesta e incorpórela a su vida.

Para más estudio:

Lea 1 Crónicas 16:9-11; Salmos 22:26 y 105:3-4; Proverbios 8:17-18; Isaías 55:1-3; Jeremías 29:11-13; Mateo 6:33; Hebreos 12:1-2.

DEVO DÍA 3

Él quiere estar cerca de usted

¡Mira! Yo estoy a la puerta y llamo. Si oyes mi voz y abres
la puerta, yo entraré y cenaremos juntos como amigos.

—Apocalipsis 3:20 NTV

Dios, mediante la Persona del Espíritu Santo, quiere estar más cerca de usted que cualquier otra persona en la tierra. Él desea *intimidad*: el nivel más profundo de relación que se puede experimentar.

Se ha dicho que tener intimidad con Dios es como decir que Dios puede "ver mi interior", y es cierto. El Espíritu Santo puede llegar donde ningún hombre puede llegar: al interior de nuestra alma y nuestro espíritu. Él no está limitado por el tiempo o el espacio. El Espíritu no solo examina y conoce nuestro corazón, sino que también examina y conoce el corazón de Dios, revelando sus profundos pensamientos, secretos y deseos, de modo que podamos "ver el interior de Él".

El secreto [de la dulce y satisfactoria compañía] del Señor
tienen quienes lo temen (reverencian y adoran), y Él les
mostrará su pacto y les revelará su [profundo] significado.

—Salmos 25:14 AMP (traducción directa)

De nuevo, el Espíritu Santo es "el Espíritu de verdad" que nos guía a *toda verdad*. ¿Hay algún aspecto sobre Dios o Jesús, o un pasaje de la Escritura que quiera usted entender? Ore y pida al Espíritu Santo que le muestre su significado verdadero y profundo y cómo se aplica a usted. Escriba lo que Él le revele.

Y comenzando desde Moisés, y siguiendo por todos los profetas,
les declaraba en todas las Escrituras lo que de él decían.

—Lucas 24:27

El Espíritu no solo revela verdad sobre la Escritura, sino también verdad sobre *nosotros* y las cosas en nuestras vidas.

¿Hay alguna área en *su vida* que no entiende? ¿Explota con ira o se vuelve muy temeroso en ciertas situaciones sin ningún motivo aparente? El Espíritu Santo sabe por qué. Haga una pausa y ore: "Espíritu Santo, ¿cuál es la raíz verdadera de que actúe de esta manera? Dame tus ojos para ver. ¿Qué necesito que tú cambies en mí para vencer esto en mi vida?". Escriba lo que Él le revele.

_____

_____

_____

¿Hay alguna *circunstancia*, pasada o presente, que usted no entiende? El Espíritu la entiende. Haga una pausa y ore: "Espíritu Santo, ¿cuál es la verdad sobre esta situación? ¿Cómo la ves tú? ¿Qué estás intentando cambiar en mí, y cómo puedo cooperar contigo para ver que suceda?". Escriba lo que Él le revele.

_____

_____

_____

Para más estudio:

Jesús tenía intimidad con el Padre: Mateo 14:22-23, y 17:1-5; Marcos 1:35, 6:31, 46-47; Lucas 5:16, 6:12

El Espíritu de Dios está cerca de nosotros cuando nos acercamos: Salmos 16:8, 34:18, 73:28, 145:18; Hebreos 10:22; Santiago 4:8

DEVO DÍA 4

Tenga cuidado de no entristecerlo

No entristezcan al Espíritu Santo de Dios con la forma en que viven. Recuerden que él los identificó como suyos...

–Efesios 4:30 NTV

¡La comunión con el Espíritu Santo no tiene precio! Su presencia manifiesta aviva en cada área de la vida. Para Kathryn Kuhlman, esto era un modo de vida. Millones de personas la oyeron hablar sobre el amor de Dios y el poder de su Espíritu, y muchas experimentaron la milagrosa sanidad de Él. En su libro *The Greatest Power in the World* [El mayor poder en el mundo], Kuhlman explica cómo podemos entristecer al Espíritu:

> "Aunque el Espíritu Santo es el poder de la Trinidad, es *sensible* y se entristece con facilidad. No hay ninguna duda de que esta maravillosa persona puede ser entristecida mediante amargura, ira, enojo o hablar malas palabras. Dicho de otro modo, Él puede ser entristecido por cualquier cosa en la vida de un individuo que sea contraria a la mansedumbre, paciencia, soportarse los unos a los otros en amor, y esforzarse por mantener la unidad del Espíritu en el vínculo de la paz".[7]

Es vital entender lo que entristece al Espíritu y causa que no manifieste su presencia en nuestras vidas. Lea con atención Efesios 4, que proporciona el contexto de lo que significa entristecer al Espíritu Santo. (Preste especial atención a los versículos 1-6 y 17-32).

¿Qué *actitudes, mentalidades* y *conducta* mencionados en los versículos 17-24 entristecen al Espíritu Santo?

_____

_____

_____

Efesios 4:17-24 expone decisiones de estilo de vida y pensamientos que entristecen al Espíritu y nos separan de su presencia manifiesta.

_____

_____

_____

Resuma la *actividad general* en los versículos 25-31 que entristece al Espíritu. Tome tiempo también para anotar las acciones concretas reveladas en el pasaje.

_____

_____

_____

Efesios 4:25-31 revela las maneras específicas en que tratamos a los demás, y que causan tristeza al Espíritu y nos separan de Él.

_____

_____

_____

Sí, podemos entristecer al Espíritu, ¡pero la buena noticia es que también podemos *alegrarlo*! Lea con atención los versículos 1-7, 14-15, 25, 29 y 32 y enumere los tipos de conducta que hacen feliz al Espíritu.

_____

_____

_____

Piense en los antónimos (opuestos) de lo que le entristece a Él cuando desarrolle su respuesta.

_____

_____

_____

La clave para no entristecer al Espíritu Santo es seguir y preservar un espíritu de *pureza* y *unidad*. Mientras que el orgullo y la impureza paralizan la obra del Espíritu, la *humildad* la desata. Esté quieto delante de Dios, y pregúntele: "¿Estoy haciendo algo para entristecerte?". Arrepiéntase de cualquier cosa que Él le revele, y pida su gracia para andar en caminos de humildad y pureza que le alegran e invitan a que Él obre en su vida.

DEVO DÍA 5

Usted es el hogar del Espíritu Santo

¿No saben que ustedes son templo de Dios y que
el Espíritu de Dios habita en ustedes?

—1 Corintios 3:16 NVI

Dios Todopoderoso, que todo lo sabe y todo lo puede, Creador de todo desde moléculas microscópicas hasta galaxias inmensas, ¡ha escogido establecer su hogar en el corazón *de usted*! Sí, como creyente, ¡el mismo Espíritu que resucitó a Jesucristo de la muerte vive en usted!

El pastor, autor y erudito en griego, Rick Renner, comparte lo que significa ser morada del Espíritu de Dios:

> "Cuando el Espíritu Santo entró en su corazón, hizo un hogar que era tan cómodo, ¡que Él estaba realmente contento de vivir dentro de usted! Se mudó, se estableció, e hizo residencia permanente en su corazón, *¡su nuevo hogar!*
>
> Mire, cuando usted fue salvo, el milagro supremo fue realizado dentro de su corazón. El Espíritu Santo tomó su espíritu, que había estado muerto en iniquidad y pecado, y lo resucitó a vida nueva. Su obra en el interior de usted fue tan gloriosa que cuando todo estuvo terminado, Él declaró que usted era obra de Él (Efesios 2:10). En ese momento, ¡su espíritu se convirtió en *un maravilloso templo de Dios!*".[8]

A todo lugar donde va, a cada conversación que tiene, y en cada actividad en la que participa, lleva con usted al Espíritu de Dios. Deténgase y piense en eso.

¿Cómo le *alienta, emociona* y *fortalece* esta verdad? ¿Cómo moldea sus oraciones?

_____

_____

_____

Considere las promesas de Dios en Efesios 3:14-20; Lucas 12:11-12; Juan 14:12-17; Colosenses 1:27; 2 Timoteo 1:13-14; y Romanos 8:1-17.

¿Cómo le *reta* y le *da convicción* esta verdad? ¿Cómo le mueven a orar sus respuestas?

_____

_____

_____

Piense en las decisiones que toma en cuanto al entretenimiento que ve y escucha, las personas con las que está, y las actividades en que participa.

Por lo tanto, ¿cómo describiría su nivel actual de comunión con el Espíritu Santo? ¿Está disfrutando de comunión, compañerismo e intimidad? ¿Está oyendo la voz de Él y experimentando su presencia real y manifiesta en su vida? ¿Es momento para una buena "limpieza de primavera" para que Él pueda sentirse más cómodo y en su casa en usted? Ore y pídale que le revele cuál es la condición de su corazón. ¿Qué le está diciendo Él? ¿Qué pasos le está pidiendo que dé?

> Por lo tanto, amados hermanos, les ruego que entreguen su cuerpo a Dios por todo lo que él ha hecho a favor de ustedes. Que sea un sacrificio vivo y santo, la clase de sacrificio que a él le agrada. Esa es la verdadera forma de adorarlo. No imiten las conductas ni las costumbres de este mundo, más bien dejen que Dios los transforme en personas nuevas al cambiarles la manera de pensar...
>
> –Romanos 12:1-2 NTV

Preguntas de discusión

Si está usando este libro como parte de la
serie *Messenger* sobre el Espíritu Santo, por
favor remítase a la sesión 2 del video.

Tenemos **comunión** con el Espíritu Santo.

Comunión es la palabra griega *koinonía*, que significa "compañerismo, comunicación, intimidad, compartir juntos, relación social, colaboración, participación conjunta, asociación mutua cercana". Estos tipos de comunión pueden ser divididos en tres categorías básicas: compañerismo, colaboración e intimidad.

1. El Espíritu Santo quiere tener comunión ininterrumpida (*koinonía*) con nosotros como hijos e hijas de Dios. Esta comunión incluye *compañerismo*, una relación amigable de compartir juntos la vida. ¿Por qué es importante recibir y ser consciente del compañerismo del Espíritu Santo? ¿Qué podría suceder si no lo hacemos?

_____

_____

_____

2. Además del compañerismo, el Espíritu Santo quiere estar en *colaboración* con nosotros. ¿Cuáles son algunas cosas prácticas que hacen los colaboradores para ayudarse unos a otros a alcanzar el éxito? ¿Qué es único sobre nuestra colaboración con el Espíritu de Dios hoy en comparación con la que experimentaron los seguidores de Dios del Antiguo Testamento, como Abraham o Moisés? ¿Cómo le alienta eso?

_____

_____

_____

3. La comunión con el Espíritu Santo es aún más profunda que el compañerismo y la colaboración. También incluye *intimidad*: asociación

mutua y cercana. ¿Cómo podemos desarrollar como creyentes este nivel de comunión con el Espíritu Santo?

_____

_____

_____

Honor

Cualquier expresión de respeto o alta
estima mediante palabras o acciones.

En esencia, honrar es valorar, estimar, respetar, tratar
favorablemente, y tener en alta consideración.

–adaptado de *American Dictionary of the
English Language*, Noah Webster 1828

4. La función principal del Espíritu Santo es revelar quién es Jesús y darle honor y gloria. Él revelará a Cristo, y se manifestará a sí mismo donde sea honrado genuinamente. Lea con atención la definición de *honor*. ¿Cuáles son algunas maneras concretas en que podemos honrar al Espíritu Santo individualmente y colectivamente como su Iglesia?

_____

_____

_____

5. Aunque el Espíritu Santo (Espíritu de Dios) nunca se describe como hembra en la Escritura, sus patrones de conducta son a veces femeninos en función. Lea con atención Génesis 1:27 y explique qué dice sobre el carácter de Dios, el cual incluye el carácter del Espíritu Santo. Conocer esta verdad, ¿cómo afecta a su relación con Él?

_____

_____

_____

6. El Espíritu Santo es muy tierno, amable y consolador en naturaleza. Si no tenemos cuidado, podemos *entristecer* o *apagar* al Espíritu; podemos

entristecerlo mucho y hacer que no obre en nuestra vida. Medite detalladamente en Efesios 4:29-32 e identifique algunas de las acciones que entristecen al Espíritu. ¿Cómo es distinto este *entristecer* de *apagar* al Espíritu, como se expresa en 1 Tesalonicenses 5:19-22? ¿Cómo podemos guardarnos de estas acciones?

_____

_____

_____

7. Todo pecado conocido para el hombre es perdonable por Dios excepto uno: *la blasfemia contra el Espíritu Santo.* Lea la advertencia de Jesús en Mateo 12:22-32 (también en Marcos 3:22-30 y Lucas 12:10). A la luz de estos versículos, describa qué significa blasfemar contra el Espíritu Santo. ¿Por qué piensa que Jesús habló con tanta fuerza contra esto?

_____

_____

_____

Notas

RESUMEN DEL CAPÍTULO:

* El Espíritu Santo desea tener *comunión* continuada con nosotros.

* La comunión incluye compañerismo, colaboración e intimidad.

* *Compañerismo* es permanecer conectados mediante la comunicación y compartir juntos la vida.

* *Colaboración* se trata de trabajar juntos; añade acción a nuestra comunicación.

* *Intimidad* es el nivel más profundo de amistad en el cual compartimos nuestros pensamientos, deseos y secretos más profundos con el Espíritu Santo y Él comparte los suyos con nosotros.

* El Espíritu Santo, que es plenamente Dios, ha escogido hacer su hogar en nuestro corazón (espíritu) permanentemente.

* Debemos tener cuidado de no entristecerlo, porque Él es tierno y amable, y puede ser muy entristecido por nuestras acciones.

— 3 —

TRES NIVELES EN UNA RELACIÓN

(...) Así habéis invalidado el mandamiento de Dios por vuestra tradición. Hipócritas, bien profetizó de vosotros Isaías, cuando dijo: Este pueblo de labios me honra, Mas su corazón está lejos de mí. Pues en vano me honran, Enseñando como doctrinas, mandamientos de hombres.

— Jesús (Mateo 15:6-9)

DÍA 1

Jesús hizo esta exuberante declaración a los fariseos, ya que habían permitido que una tradición tomara el lugar de la Palabra de Dios. Mi diccionario define tradición como "herencia, algo establecido, pensamiento de costumbre, acción o comportamiento". Obviamente, lo que es una tradición en sí no es necesariamente algo malo. Hay muchas tradiciones que son buenas, y yo las celebro con amigos y familiares. Sin embargo, los fariseos habían elevado estas tradiciones (una manera acostumbrada de pensar) por encima de la Palabra de Dios, lo cual provocaba que la Palabra no tuviera efecto en sus vidas. Esta verdad sigue siendo válida hoy en día. Necesitamos asegurarnos de que nuestro entendimiento sea definido por la Palabra de Dios, no por sentimientos personales, tradiciones o filosofías de los hombres.

Jesús les explicó a los fariseos que sus tradiciones habían creado una brecha en su relación con el Creador. De hecho, Él les declaró que su adoración a Dios era inútil, ya que tenían más fe en las doctrinas (enseñanzas y creencias) de los hombres. El tener una intimidad verdadera con Dios nunca hubiera sido una opción para los fariseos, a menos que se hubieran arrepentido de su ceguera, y hubieran abrazado la verdad. De la misma forma, para nosotros poder disfrutar de una relación íntima con el Espíritu, debemos poner a un lado nuestros pensamientos y tradiciones de hombres para abrazar la verdad acerca de Él, la cual está evidentemente en Su palabra. De otra manera, al igual que los fariseos, nuestros intentos de tener una relación íntima con Dios no tendrán ningún efecto.

El Maestro por excelencia

Antes de tener esta cercanía con el Espíritu, leía mi Biblia y pensaba, amo a Dios con todo mi corazón, pero esto se siente un poco seco. La verdad del caso es que yo no estaba pidiéndole al Espíritu Santo que fuera parte de mi tiempo de oración y estudio. He podido descubrir que solo el Espíritu Santo hace que las Escrituras tomen vida en mi corazón. A través de Su guía, la Biblia viene a ser más que meras palabras, y se convierte en substancia de vida. En 2 Corintios 3:6 leemos:

> *Él nos capacitó para que seamos ministros de su nuevo pacto. Este no es un pacto de leyes escritas, sino del Espíritu. El antiguo pacto escrito termina en muerte; pero, de acuerdo con el nuevo pacto, el Espíritu da vida* (NTV).

Este "nuevo pacto", expresado a través de la Palabra de Dios, no es una simple lista de regulaciones y órdenes. Más bien es vida, la cual es recibida por los que se sujetan a ella. Podemos disfrutar de la plenitud de este nuevo pacto solamente a través del Espíritu, porque Él es el que nos da la maravillosa revelación de quiénes somos en Cristo (lo cual es el mensaje del Nuevo Testamento). Por eso es que debemos invitar al Maestro por excelencia, el Espíritu, cuando estudiamos su Palabra.

¿Ha tenido alguna vez un maestro que no demuestra pasión por lo que enseña? Pienso que son las peores clases que uno puede tomar. Pasar esa clase es como sentarse en la silla del dentista a que le arreglen una muela rota. De igual forma, ¿ha tenido alguna vez un maestro que simplemente detesta sus estudiantes? ¡Qué experiencia tan terrible! Las buenas noticias son que el Espíritu Santo está apasionado por revelarle los misterios de la Palabra de Dios, y está extremadamente apasionado por usted también. Él desea verle caminar libremente en cada uno de los dones que están disponibles para usted. Si le pedimos y le buscamos, Él revelará los misterios de la vida a cada uno de nosotros.

Atmósfera y presencia

Desafortunadamente, parece ser que con frecuencia tratamos de caminar esta maravillosa vida cristiana, sin la presencia y consejo de nuestro Guía. De hecho, el Espíritu Santo es prácticamente un extraño en muchas iglesias hoy. Sin

> **SIN DARNOS CUENTA, HEMOS SUBSTITUIDO LA ATMÓSFERA POR SU PRESENCIA.**

darnos cuenta, hemos substituido la atmósfera por Su presencia. Es como si casi hubiéramos desanimado la manifestación del Espíritu de Dios, porque ciertos individuos han tratado de inventar maneras y formas "extrañas" de cómo es o se manifiesta Su presencia.

No me malentienda; creo que necesitamos buenas atmósferas en nuestros servicios. Ha habido muchos cambios necesarios en la Iglesia en general en los últimos años, y uno de ellos es, que hemos elevado la atmósfera. En muchas maneras, la iglesia se ha convertido más atractiva y relevante al mundo. Y creo que esto le agrada a Dios. Como Pablo declaró:

> En todo lo que hago, yo trato de agradar a todas las personas. No busco ventajas para mí mismo, sino que busco el bien de los demás, para que se salven (1 Corintios 10:33 TLA).

Hemos hecho un trabajo excelente en capitalizar y aprovechar la creatividad y adelantos de la tecnología; algunos de los lugares más innovadores en los cuales he estado son iglesias. Nosotros como el Cuerpo de Cristo debemos ser los innovadores, los que estemos constantemente llevando la creatividad a nuevos niveles. Pero la Iglesia jamás podrá entrar a cabalidad en su posición de poder, amor y autoridad en esta tierra, si no invita al Espíritu Santo en todos sus asuntos. Recuerde: Él es el socio mayor en esta relación.

Las buenas nuevas son que sí podemos tener ambas: buena atmósfera y Su presencia manifestada. Yo me emociono cuando tengo la oportunidad de visitar iglesias que brillan en ambas áreas. No dé lugar a ser presa de la idea o noción de que la manifestación de la presencia del Espíritu Santo les impedirá a las personas entrar al Reino. Debemos recordar que los perdidos eran atraídos a, no alejados de, por la asociación de los apóstoles con el Espíritu Santo. Cualquier progreso que como iglesia alcancemos fuera de la involucración del Espíritu se echará a perder eventualmente.

Aun Jesús, el Hijo de Dios, no hizo nada hasta que recibió el poder del Espíritu Santo. Leemos en Lucas 4:14-15:

> *Y Jesús volvió en el poder del Espíritu a Galilea, y se difundió su fama por toda la tierra alrededor. Y enseñaba en las sinagogas de ellos, y era glorificado por todos.*

Note que la Escritura declara que Él *"volvió en el poder del Espíritu"*. Este pasaje nos cuenta lo que sucedió después que Jesús estuvo cuarenta días en el desierto, donde fue tentado por el enemigo. Después de haber regresado del desierto, Jesús regresó a Nazaret y declaró:

> *El Espíritu del Señor está sobre mí, Por cuanto me ha ungido para dar buenas nuevas a los pobres; Me ha enviado a sanar a los quebrantados de corazón; A pregonar libertad a los cautivos, Y vista a los ciegos; A poner en libertad a los oprimidos; A predicar el año agradable del Señor* (Lucas 4:18-19).

JESÚS NECESITÓ EL PODER DEL ESPÍRITU. ¿QUÉ NOS HACE DIFERENTES A NOSOTROS?

Era porque Jesús operaba bajo el poder del Espíritu de Dios que Él podía llevar a cabo la voluntad de su Padre aquí en la tierra. De la misma forma la Iglesia, por el mismo poder, debe predicar el evangelio a los pobres en espíritu, traer sanidad a los quebrantados de corazón, proclamar libertad a los cautivos, traer vista a los ciegos, libertar a los oprimidos, y demostrar que verdaderamente la mano de Dios no se ha cortado para salvación.

Pero nunca avanzaremos esta bendita causa, si no dependemos del poder del Espíritu. Jesús necesitó el poder del Espíritu. ¿Qué nos hace diferentes a nosotros?

DÍA 2

Más de Jesús

Tengo un deseo ardiente por aquellos que frecuentan nuestras iglesias para experimentar la presencia manifestada de Jesucristo. Escucho a la gente decir constantemente: "Necesitamos más de Jesús en nuestras iglesias". Estoy completamente de acuerdo con este sentir. ¿Pero quién es el que nos revela a Jesús? El Espíritu Santo. Como aprendimos al comienzo de este estudio, el Espíritu Santo no es una mercancía para desear; por el contrario, es la Persona para honrar e invitar. ¿Por qué será que no queremos la verdad del Espíritu Santo en todo lo que hacemos? Como le dijo Jesús a sus discípulos:

> *Aún tengo muchas cosas que deciros, pero ahora no las podéis sobrellevar. Pero cuando venga el Espíritu de verdad, él os guiará a toda la verdad; porque no hablará por su propia cuenta, sino que hablará todo lo que oyere, y os hará saber las cosas que habrán de venir. Él me glorificará; porque tomará de lo mío, y os lo hará saber. Todo lo que tiene el Padre es mío; por eso dije que tomará de lo mío, y os lo hará saber* (Juan 16:12-15).

El Espíritu Santo glorifica a Jesús. Es a través de Él que Jesús es revelado a nosotros. No podemos cambiar lo que Dios ha establecido. Si queremos más de Jesús en nuestras vidas, debemos caminar en una relación cercana con el Espíritu Santo. Por eso es que el Espíritu Santo es llamado el Espíritu de Cristo (vea 1 Pedro 1:11; Romanos 8:9). Cuando el Espíritu nos habla, está representando a Jesús. El Espíritu Santo no es una "bonita adición" a esta vida en Cristo, sino que es la esencia de Cristo aquí en la tierra. Donde no se le honra, no se encuentra Su manifestación. Por lo tanto, si nos rehusamos a honrar al Espíritu, la presencia y el poder de Cristo estarán ausentes de nuestras vidas. ¿Será por este motivo que el mundo (lo que Jesús quiere transformar con su poder) percibe la Iglesia como una sin poder y sin vida?

Profunda amistad con Dios

La meta final de una comunión es una amistad profunda y personal. El Espíritu de Dios desea ser su amigo. De hecho, Él anhela una comunión íntima con usted. Santiago dijo: *"¿O pensáis que la Escritura dice en vano: El Espíritu que él ha hecho morar en nosotros nos anhela celosamente?"* (Santiago 4:5).

¿Qué es lo que anhela? Él anhela intimidad con nosotros. ¿No es esto lo que deseamos con aquellos que están cerca de nosotros? Note esto: Él nos *"anhela celosamente"*. Esto simplemente significa que no va a tolerar el que estemos entreteniendo a otros, de la misma forma que mi esposa nunca toleraría que yo coqueteara con otra mujer.

Dios desea nuestra completa devoción. Solo un verso antes en Santiago, leemos: *"¿No sabéis que la amistad del mundo es enemistad contra Dios?"* (Santiago 4:4). El diccionario define enemistad como "un sentimiento o condición de hostilidad; odio; mala voluntad; animosidad; resentimiento". Estas son palabras fuertes. Vale la pena preguntar, ¿por qué la amistad con el mundo crea enemistad con Dios?

La amistad con el mundo es la lujuria o deseo de la carne. Es un deseo egoísta que busca lo suyo, estatus o posición. Es la gratificación de nuestros deseos carnales. El Espíritu Santo sabe que seguir estos deseos solo nos llevará a lo inútil y vacío. En su amor celoso, Dios detesta cuando coqueteamos con cosas que traerán muerte a nuestras almas. Nunca olvide que Dios es el Padre perfecto; como cualquier buen padre, Él odia ver a sus hijos conformarse con algo menos que lo mejor. Por eso es que no tolerará nuestra amistad con el mundo. Los deseos de Jesús son que usted experimente una vida abundante y que el Espíritu Santo manifieste los deseos del Hijo. Recuerde que la Deidad es una en propósito. Dios anhela apasionadamente una relación íntima con sus hijos. Cuando coqueteamos con el mundo, nos salimos del lugar donde podemos experimentar una relación de intimidad con Dios. Nosotros perdemos trágicamente, ¡y cómo rompe el corazón de nuestro Padre!

Más allá de la Salvación

He llegado a darme cuenta de que las intenciones de Dios para con nosotros van más allá de la salvación. No es "suficiente" para nosotros parar en "ya soy salvo". Sí, la realidad de nuestra salvación es tan maravillosa que va más allá de nuestro entendimiento; pero un lugar en el cielo es solo el comienzo de todo lo que Dios quiere darnos. Dios envió a su Hijo para que pudiéramos disfrutar de una vida maravillosa aquí en la tierra también. ¿Por qué? Porque sin duda alguna es difícil para nosotros avanzar su Reino efectivamente, cuando vivimos atados a los miedos y deseos de este mundo.

Pablo dijo en un ocasión: *"Pero la piedad para todo aprovecha, pues tiene promesa de esta vida presente, y de la venidera"* (1 Timoteo 4:8). Solo la persona que conoce a Dios puede poseer la característica de la piedad, porque ser piadoso es ser como Él. Yo encuentro bien difícil ser como alguien con quien nunca me relaciono. Por eso es que Santiago hace hincapié en lo que es la amistad con el mundo: *"Acercaos a Dios, y él se acercará a vosotros"* (Santiago 4:8). Dios quiere pasar tiempo con usted para que se pueda parecer a Él. El conocer a Dios íntimamente provocará en nosotros el ser piadosos, y de la única manera que podemos desarrollar una relación profunda con Él es a través de su Espíritu (vea 1 Corintios 2).

Con frecuencia los creyentes leen, "amistad con el mundo es enemistad contra Dios," e inmediatamente tratan de distanciarse del mundo. Esto no tiene sentido. ¿Cómo puede la Iglesia ganarse al mundo si se desconecta de la humanidad? Como Iglesia, debemos mirar a Jesús como nuestro modelo a seguir. Los perdidos eran atraídos a Jesús. Él caminó las calles y compartía con los cobradores de impuestos y prostitutas, las mismas personas a las que los líderes religiosos les sacaban el cuerpo. Él fue a sus fiestas, pero había algo diferente en Jesús. Él fue el mejor ejemplo de lo que significa estar en el mundo, pero no ser del mundo. Estos fanáticos religiosos rompían su corazón. ¿Por qué estaba Jesús tan comprometido con las personas que los "piadosos" detestaban? Porque Él sabía que ellos estaban hambrientos de propósito. Él no

> **SI NOSOTROS NO LLEVAMOS LA VERDAD Y LA LUZ A ESTE MUNDO, NADIE LO HARÁ.**

iba a sus fiestas para ser parte de lo que ellos buscaban; estaba allí para enseñarles un camino mejor.

De la misma manera, hemos sido llamados para alcanzar a los perdidos y depravados moralmente. Si la Iglesia no va a ser los pies y manos de Cristo, entonces ¿quién? Nosotros, solamente nosotros, somos Su cuerpo. A través del poder transformador de la gracia, nosotros somos quienes somos en Cristo. Servimos como embajadores (una extensión y representación de quién Él es) aquí en la tierra. Si nosotros no llevamos la verdad y la luz a este mundo, nadie lo hará.

DÍA 3

El caballero silencioso

Al caminar con el Espíritu Santo, he descubierto que Él es un caballero. Nunca va a imponer su voluntad sobre nosotros. Si rehusamos envolvernos con Él, simplemente se mantendrá en silencio.

He viajado y ministrado por más de veinticinco años. Durante este tiempo he notado algo en las personas que me recogen en los aeropuertos. Siempre son amables, y ofrecen su ayuda proveyendo los detalles e instrucciones pertinentes a mi estadía y tiempo para ministrar. Es muy típico de ellos el que no me hablen, a menos que yo entable conversación. Esto se debe a que sus pastores le han dado instrucciones específicas de no hacerlo, por si necesito trabajar, pensar, o prepararme para el servicio mientras estoy en el automóvil. He tenido muchos choferes con un corazón para servir a través de los años, de los cuales estoy muy agradecido. Por esta razón, soy muy intencional en preguntarles acerca de sus familias, y su conexión con la iglesia. Si yo no inicio la conversación, probablemente podríamos estar todo el viaje en el auto sin decir palabra.

Creo que podemos encontrar un atributo similar en el Espíritu Santo. Si no estamos en una posición para escuchar Su voz, Él simplemente callará. Si no nos involucramos con Él, seguramente estará en silencio. Recuerde que Santiago dijo que Dios se acercará a nosotros si nosotros nos acercamos a Él. Somos responsables de tomar ese primer paso. Tenemos que ser intencionales en entrar a esta maravillosa comunión con

Él. Sencillamente la mejor invitación de todos los tiempos ha sido puesta frente a usted. Ahora le toca a usted tomar acción.

Muchos creyentes desconocen esta verdad. Por la misma razón, con frecuencia escucho comentarios como: "¿Por qué Dios no me ha-

ACTÚE EN BUSCAR COMUNIÓN CON EL ESPÍRITU SANTO. LE SORPRENDERÁ CÓMO RESPONDE.

bla?", o "Dios no me ha hablado en años". ¿Estarán buscando la comunión con Él como lo señala la Biblia? Si queremos estar cerca de Dios, debemos ser intencionales en conocerlo, y esto significa buscar una amistad con la Persona de Su Espíritu.

Yo le animo a que actúe en buscar comunión con el Espíritu Santo. Le sorprenderá cómo responde. Como mucho de mis choferes, Él se quedará para acompañarle interactúe con Él o no, porque ha prometido no dejarle ni desampararle (vea Hebreos 13:5). Pero si no interactúa, Él se mantendrá en silencio, y nunca podrá gozar de su presencia ni los beneficios que trae la comunión con Él en nuestras vidas.

Lo profundo de Dios

Miremos nuevamente Juan 16:

> Aún tengo muchas cosas que deciros, pero ahora no las podéis sobrellevar. Pero cuando venga el Espíritu de verdad, él os guiará a toda la verdad; porque no hablará por su propia cuenta, sino que hablará todo lo que oyere, y os hará saber las cosas que habrán de venir. Él me glorificará; porque tomará de lo mío, y os lo hará saber. Todo lo que tiene el Padre es mío; por eso dije que tomará de lo mío, y os lo hará saber (Juan 16:12-15).

Esta declaración viene durante unos de los últimos momentos de Jesús con sus discípulos antes de la crucifixión. Un poco después Jesús fue arrestado por los oficiales romanos y condenado a muerte. Definitivamente este era un momento que ameritaba palabras con peso.

Note que Jesús dice: "Aún tengo muchas cosas que deciros, pero ahora no las podéis sobrellevar" (v.12). Jesús era todo para estos hombres. Habían estado con Él por años. Cada uno de ellos había dejado familia, amistades y vocación por seguirlo. Probablemente los discípulos estaban pensando: ¿Qué más podemos hacer para poder entender esto completamente? Pero Jesús les da una promesa extraordinaria: *"Pero cuando venga el Espíritu de verdad, él os guiará a toda la verdad"* (v.13). En otras palabras: Aunque todavía estoy aquí presente contigo (en carne), no estás en una posición donde puedes recibir todo lo que quiero darte. Pero voy a enviar al Espíritu Santo, y él hablará Mis palabras, te revelará Mi voluntad y te preparará para lo que viene. ¡Qué promesa! Recordemos las palabras de Jesús de esa misma tarde:

> *Pero yo os digo la verdad: Os conviene que yo me vaya; porque si no me fuera, el Consolador no vendría a vosotros; mas si me fuere, os lo enviaré* (Juan 16:7).

Espero que estas palabras estén cobrando una nueva perspectiva. Dios no está jugando al escondite; todo lo contrario. Todos nosotros deseamos ser conocidos íntimamente por aquellos que nos aman. La misma verdad se aplica a Dios. Cuando Jesús caminó la tierra, era exactamente la misma representación del Padre a la disposición del hombre (vea Hebreos 1:1-3; Colosenses 1:15-19). Pero como sabemos, Jesús está a la diestra del Padre en el cielo. El Espíritu Santo es la Persona de la Deidad que habita con y en las personas en la tierra, así que para conocer lo profundo de Dios, debemos conocer su Espíritu; el Espíritu de Verdad.

Tomás el dudoso

Después que Jesús resucitó de la muerte, diez de los discípulos estaban en un cuarto a puerta cerrada. De repente Jesús aparece; los discípulos quedaron completamente atónitos y espantados. Jesús tuvo que convencerlos de que era Él y no un fantasma. Diez de ellos se regocijaron por el milagro de la resurrección, y luego comparten lo sucedido con Tomás, el cual no estuvo presente cuando Jesús se les apareció. Al escuchar las noticias, Tomás dijo infamemente:

> *"Si no viere en sus manos la señal de los clavos, y metiere mi dedo en el lugar de los clavos, y metiere mi mano en su costado, no creeré"* (Juan 20:25).

Varios días después, estaban los once discípulos juntos en un cuarto donde repentinamente Jesús vuelve a aparecer. Antes de decir o hacer nada, se le acerca a Tomás como diciendo: Bueno, Tomás, vamos a resolver este problemita de incredulidad. Él le dijo: *"Pon aquí tu dedo, y mira mis manos; y acerca tu mano, y métela en mi costado; y no seas incrédulo, sino creyente"* (Juan 20:27). Tomás le respondió: *"¡Señor mío, y Dios mío!"*. Ahora escuche cómo le responde Jesús:

> *Porque me has visto, Tomás, creíste; bienaventurados los que no vieron, y creyeron"* (Juan 20:29).

Lo que Jesús está diciendo es: Tomás, hay un grupo de personas bienaventuradas que creerán sin ver. Yo pensaba antes, Jesús, eso suena un poco fuerte. El hombre ya está rodando por el piso de la vergüenza. Obviamente se tiene que sentir horrible. Se ha arrepentido y aún así lo vuelve a mirar y le dice: *"bienaventurados los que no vieron, y creyeron"* (v. 29). No podía entender por qué Jesús fue tan fuerte con Tomás. Pero un día el Señor me habló: "No estaba regañando a Tomás; simplemente estaba declarando una verdad. El nivel de intimidad disponible para los que me conocen por el Espíritu es mucho más grande que conocerme en un sentido físico".

DÍA 4

Tres niveles en una relación

¿Qué fue lo que Jesús quiso decir cuando le dijo esto a Tomás? Para contestar esta pregunta, permítame explicar por qué una intimidad más profunda se puede alcanzar por fe y no por vista.

Hay tres niveles en una relación: el físico, el del alma y el espiritual. El más superficial es el nivel natural o físico. Muchas relaciones románticas comienzan aquí, con pensamientos como: ella es muy linda, o él es muy guapo, a lo mejor nos conviene juntarnos. Desafortunadamente, muchas parejas solo tienen este nivel de relación cuando se casan. Ellos piensan: puedo ignorar el hecho de que no nos llevamos muy bien o que no hablamos mucho, ni conectamos en muchos aspectos porque verdaderamente me siento atraído (a) hacia él o ella físicamente. En estos casos, el nivel del alma no se ha desarrollado. Suenan las campanas de boda, se termina la luna de miel, y comienza la vida. Esta pareja eventualmente tendrá que darse cuenta de que si no establecen un nivel de intimidad más profundo el uno con el otro, tendrán un matrimonio miserable. Si ellos no se comprometen a una conexión más profunda, la mujer buscará sus intereses con amigas, y el hombre buscará sus deportes, pasatiempos y amigos. Terminarán simplemente co-existiendo, y esto nunca fue el propósito o intención de Dios para el matrimonio.

El próximo nivel de relación es el del alma o personalidad de una persona. Este es el nivel de relación que existía entre David y Jonatán: *"el alma de Jonatán quedó ligada con la de David, y lo amó Jonatán como a sí mismo"* (1 Samuel 18:1). Cuando mataron a Jonatán, David sufrió: *"Angustia tengo por ti, hermano mío Jonatán, Que me fuiste muy dulce. Más maravilloso me fue tu amor, Que el amor de las mujeres"* (2 Samuel 1:26). David no estaba hablando de una relación física pervertida. No había ningún tipo de atracción física entre ellos. La conexión que aquí vemos era del alma, y libre de cualquier aspecto contra natura. Aún así, pudieron construir unos lazos más profundos que cualquier relación meramente física (que fue lo que David quiso decir cuando dijo *"el amor de las mujeres"*).

El nivel del alma es el nivel donde los matrimonios deben ser edificados. No me malentienda; el nivel físico en una relación es de suma importancia. Yo me siento extremadamente atraído a mí esposa; ella es la mujer más bella en el mundo para mí. Pero hay niveles mucho más profundos en una relación que pueden y deben ser alcanzados entre un esposo y una esposa. La mera verdad es que para mí la personalidad de Lisa es más gratificante que su belleza física.

Desafortunadamente he escuchado muchas historias sobre hombres y mujeres que han dejados a sus esposos por alguien que conocieron en la Internet. Unos cuantos años atrás, mientras predicaba en una iglesia, se me acercó un caballero. Estaba rodeado de seis niños. Dos los tenía cargados en los brazos, dos agarrados de sus piernas y dos estaban correteándose el uno al otro. Al ver la expresión tan triste que este hombre tenía en su rostro, le pregunté: "Señor, ¿está usted bien?". Él me dijo: "Realmente no, hoy mi esposa me dejó con seis niños por un hombre que conoció en la Internet". La relación del "alma" de ella con este otro hombre se había desarrollado de tal forma que estuvo dispuesta a dejar a su esposo después de muchos años de matrimonio. El lazo del alma fue lo suficientemente fuerte para separar a esta madre de su instinto natural de cuidar y ser parte de la vida de sus hijos.

El nivel del alma en una relación requiere poca o tal vez ninguna interacción física. Por eso es que muchas relaciones que comienzan a la distancia terminan siendo los mejores matrimonios. La pareja puede enfocarse en el desarrollo de una conexión del alma sin las distracciones físicas o de personalidad.

El nivel más alto en una relación

El nivel más alto o de más profundidad en una relación es el espiritual. Este es el nivel al que se refería Jesús en su conversación con Tomás. Pablo dijo en una ocasión: *"Porque entre los hombres, ¿quién conoce los pensamientos de un hombre,*

> EL NIVEL MÁS ALTO O DE MÁS PROFUNDIDAD EN UNA RELACIÓN ES EL ESPIRITUAL.

sino el espíritu del hombre que está en él?" (1 Corintios 2:11 NBLH). En otras palabras, usted no puede conocer los pensamientos o verdaderos motivos de un hombre a menos que esté conectado con su espíritu.

Como mencioné anteriormente, Lisa y yo acabamos de celebrar nuestro trigésimo aniversario de bodas. Una de mis memorias favoritas del tiempo que pasamos juntos fue estar sentados junto a una alberca hablando de las cosas de Dios. Hasta hablamos por largo rato acerca de este tema del cual estoy escribiendo. Mientras compartía lo que Dios había puesto en mi corazón, ella respondió con mucha sabiduría y revelación, lo que ultimadamente trajo confirmación de lo que el Espíritu me había estado revelando. Como ambos tenemos una relación íntima con el Espíritu Santo, podemos comunicarnos en un nivel de profundidad espiritual el uno con el otro.

Esta también es una de las razones principales por las cuales oramos juntos. Nos conectamos espiritualmente porque estamos conviviendo juntos alrededor de las cosas del Espíritu. Por la misma razón, le hemos pedido al equipo de trabajo de *Messenger International* que pasen los primeros 15 minutos del día en oración corporativa. Hacemos esto porque queremos que nuestro equipo esté conectado espiritualmente. Es impresionante lo que este tiempo de oración ha hecho en las relaciones de nuestro equipo de trabajo. La misma verdad se aplica a cualquier relación: comunión y oración alrededor del mundo desarrollará los niveles más profundos de intimidad entre individuos porque es una conexión espiritual.

Hay una diferencia entre una discusión intelectual sobre cosas espirituales y una verdadera comunión espiritual. Muchas veces las personas comienzan a hablarme de la Biblia, y yo sé que lo que están haciendo es simplemente dándome información. ¿Cómo lo sé? Porque lo que me están hablando me cansa, y agota mi mente también. Están hablando de su mente y no de su espíritu. Ahora, también hay otros que hablan cosas espirituales de su espíritu. Con este tipo de personas puedo hablar por horas sin cansarme porque estamos conectados a un nivel espiritual.

DÍA 5

Conociendo a Dios por Su Espíritu

Vamos a mirar 1 Corintios 2:11 en su totalidad:

> Porque entre los hombres, ¿quién conoce los pensamientos de un hombre, sino el espíritu del hombre que está en él? Asimismo, nadie conoce los pensamientos de Dios, sino el Espíritu de Dios.

La palabra en el griego traducida aquí como "pensamiento" se describe como "el ser o de qué se está compuesto". Lo que Pablo está diciendo en esencia es que nadie puede conocer de lo que Dios está verdaderamente "compuesto o hecho" (refiriéndose a su corazón) sin acercarse a través del Espíritu de Dios. Cuando digo "conocer", quiero decir que tengo un entendimiento que va más allá de lo superficial, que se obtiene con poco o ningún esfuerzo. Prácticamente todo el mundo conoce quién es el presidente de los Estados Unidos, pero la mayoría de nosotros no tenemos una relación personal con él. No conocemos sus deseos más íntimos, lo que le motiva, o lo que él verdaderamente cree. De la misma forma, nunca llegaremos a poseer más de lo que pudiéramos llamar un "conocimiento común" acerca de Dios, si no lo buscamos por Su Espíritu.

Pablo continúa: "*Y nosotros no hemos recibido el espíritu del mundo, sino el Espíritu que proviene de Dios, para que sepamos lo que Dios nos ha dado concedido*" (1 Corintios 2:12). ¡Qué declaración maravillosa! "*Nadie conoce los pensamientos de Dios, sino el Espíritu de Dios*" (v. 11), pero Él nos ha dado ese Espíritu. A través de una relación con el Espíritu de Dios, podemos tener intimidad

> # A TRAVÉS DE UNA RELACIÓN CON EL ESPÍRITU DE DIOS, PODEMOS TENER INTIMIDAD CON EL CREADOR A UN NIVEL ESPIRITUAL.

con el Creador a un nivel espiritual; el nivel más alto de relación.

Pablo llegó a este nivel con el Espíritu. Aunque nunca anduvo con Jesús físicamente, él dice:

> *Mas os hago saber, hermanos, que el evangelio anunciado por mí, no es según hombre; pues yo ni lo recibí ni lo aprendí de hombre alguno, sino por revelación de Jesucristo* (Gálatas 1:11-12).

¿Cómo se le reveló Jesús a Pablo? Pablo lo declara abiertamente, de que la revelación recibida no venía de hombre alguno. Si no la recibió de ningún hombre y no estuvo en carne con Jesús, entonces sin duda alguna tuvo que haberla recibido por revelación del Espíritu de Cristo (el Espíritu Santo).

¿Será posible que Pablo pudiera entrar en una relación más profunda con Jesús cuando nunca anduvo físicamente con el Salvador? Pedro, uno que tuvo contacto físico con Jesús, escribió una carta al final de sus días en la cual declaró:

> (…) *Ya nuestro querido compañero Pablo les ha escrito acerca de esto, y fue Dios mismo quien se lo explicó. En todas sus cartas Pablo les ha hablado de esto, aunque algo de lo que dice en ellas no es fácil de entender* (…) (2 Pedro 3:15-16 TLA).

106 EL ESPÍRITU SANTO

Pedro fue el que tuvo esta conversación con Jesús cara a cara, día tras día, y por años. Él estuvo presente cuando Jesús se manifestó en el Monte de la Transfiguración. Fue testigo de la crucifixión, y hasta convivió con Jesús después de la resurrección. Aún así, este discípulo, uno que disfrutó de la presencia de Jesús en carne propia, dijo que algunas de las revelaciones que el Espíritu le había dado a Pablo eran difíciles de entender.

Inspirado por el Espíritu Santo, Pablo escribió la mayoría de los libros del Nuevo Testamento, sin haber caminado con Jesús. ¿Cómo pudo hacer esto? Porque el Espíritu es el que revela quién es Jesús. Recuerde las palabras de Jesús:

> Aún tengo muchas cosas que deciros, pero ahora no las podéis sobrellevar. Pero cuando venga el Espíritu de verdad, él os guiará a toda la verdad (…) (Juan 16:12-13).

Pablo no podía basar su fe en Jesús por las interacciones físicas, porque nunca las tuvo. Él creyó sin ver. Esto quitó todo aspecto físico que pudiera intervenir con lo que el Espíritu estaba tratando de mostrarle. A esto se refería Jesús cuando le habló a Tomás. El hecho de que Pablo no haya tenido una relación física con Jesús de la cual pudiera depender, significa que tuvo que depender totalmente de su relación espiritual con el Maestro. No tuvo otra opción.

PODEMOS ACERCARNOS MÁS A JESÚS SIN VERLO, QUE SI LO ESTUVIÉRAMOS VIENDO.

Como Pablo, a usted y a mí se nos ha dado esta oportunidad de seguir a Jesús sin tener que lidiar con conflictos y malos entendidos que desarrollamos cuando interactuamos físicamente con alguien. La maravillosa verdad es que podemos acercarnos más a Jesús sin verlo, que si lo estuviéramos viendo. Sin la habilidad de caminar con Jesús, tenemos que convivir y tener comunión con Él a través del Espíritu de Cristo que mora en nosotros, estableciendo una profunda relación espiritual con Dios. ¡Qué maravilla!

Experiméntelo al nivel más profundo

Dios sabe que nuestra carne está sin redimir por ahora. Nuestros espíritus sí lo están, y son exactamente a la imagen y semejanza de Jesús (vea 1 Juan 4:17). Nuestras almas están en proceso de serlo (vea Santiago 1:21), pero nuestros cuerpos físicos todavía no han experimentado redención.

¿Se ha dado cuenta lo fácil que nos cansamos de las cosas? Hay personas que pueden comprar un auto nuevo, y se aburren del mismo una semana más tarde. Esta es la naturaleza de la naturaleza que no ha sido redimida. Lo físico tiene muy poca profundidad; vive poco y pasa rápido. Así que Dios en su bondad nos dice: "No me voy a revelar a mi pueblo en lo físico. Voy a crear una forma para comunicarme con ellos a través de mi Espíritu para que me puedan conocer verdaderamente". Es como si Dios estuviera diciendo: "Voy a tener una relación de larga distancia con los que amo, para que puedan llegar a conocer Mi corazón".

Como Iglesia, somos la Novia de Cristo. Dios nos está preparando para un matrimonio vibrante con Él. Nos está permitiendo llegarle a conocer a un nivel más profundo (espiritual) antes de que lo lleguemos a conocer a un nivel físico. Esto fue lo que Pablo escribió:

> De manera que nosotros de ahora en adelante ya no conoce-mos a nadie según la carne. Aunque hemos conocido a Cristo según la carne, sin embargo, ahora ya no Lo conocemos así (2 Corintios 5:16 NBHL).

Lo conocemos por el Espíritu; el Espíritu del Dios vivo. Hubo un tiempo donde Cristo fue revelado en carne. Pero ahora que no está físicamente en la tierra, tenemos la oportunidad de conocerlo por el Espíritu.

Si descuidamos el entrar en comunión con el Espíritu, nos estamos negando la oportunidad de conocer al Hijo. El Espíritu discierne todas las cosas en el corazón y la mente de Dios para revelarnos a Jesús. Si queremos una relación más profunda con Dios, tenemos que movernos del conocimiento superficial que tenemos, y entrar en una jornada donde podamos descubrir quién Él es. Esta jornada solo se hace posible a través de la comunión con el Espíritu. Por eso es que no podemos asirnos de ninguna tradición (costumbres en la manera de pensar) relacionada con el Espíritu Santo que no esté centrada en la eterna Palabra de Dios.

Cuando permitimos que experiencias pasadas, personales o negativas priven nuestro entendimiento del Espíritu, no podremos disfrutar a cabalidad la promesa de la gloriosa presencia de Dios en nuestras vidas. No podemos caminar alejados de Su Espíritu.

Creo firmemente que usted puede tener una relación con el Espíritu donde desee lo que Él desea, y sienta lo que Él siente. El nivel más profundo en una relación (el espiritual) está disponible para usted. En este nivel, descubrirá intimidad con su Creador como nunca antes. Pero debe buscar conocer quién es el Espíritu Santo, si quiere caminar en comunión cercana con Él. ¿Cómo le puede conocer? Leyendo Su Palabra y pasando tiempo en Su presencia. Dios quiere acercarse a usted; todo lo que tiene que hacer es dar el primer paso en acercarse a Él.

Tome un momento para meditar en este verso y permítale al Espíritu Santo trabajar en su corazón. Mientras torna su corazón a Él, pídale que remueva todo pensamiento preconcebido (velo) que le haya privado de experimentar Su presencia. Una vez estos velos sean removidos, podrá contemplarlo como nunca antes. Mientras mira Su rostro (invierta tiempo de calidad con Él como lo haría con un amigo íntimo), Él le transformará a Su imagen. Le dejo con estas palabras del apóstol Pablo:

> *Pero cuando alguien se vuelve al Señor, el velo es quitado. Ahora bien, el Señor es el Espíritu; y donde está el Espíritu del Señor, hay libertad. Pero todos nosotros, con el rostro descubierto, contemplando como en un espejo la gloria del Señor, estamos siendo transformados en la misma imagen de gloria en gloria, como por el Señor, el Espíritu* (2 Corintios 3:16-18 NBLH).

DEVO DÍA 1

Acéptelo a Él como su Maestro

Ustedes han recibido al Espíritu Santo, y él vive dentro de cada uno de ustedes, así que no necesitan que nadie les enseñe lo que es la verdad. Pues el Espíritu les enseña todo lo que necesitan saber, y lo que él enseña es verdad, no mentira. Así que, tal como él les ha enseñado, permanezcan en comunión con Cristo.

−1 Juan 2:27 NTV

El Espíritu Santo desempeña muchos papeles en nuestras vidas, pero probablemente su mayor papel sea el de Maestro. Él siempre nos está enseñando algo. Él es el padre perfecto que vive permanentemente en nuestro interior, dando dirección y corrección a su manera tierna y amorosa.

La Escritura es el libro de texto atemporal del Espíritu. La Palabra de Dios es el registro de los pensamientos de Dios. Para pensar como Él, hablar como Él y actuar como Él necesitamos su Palabra, y necesitamos entenderla. Esa es la tarea de nuestro Maestro: conducirnos y guiarnos a toda verdad, revelando el significado de las escrituras que necesitamos, justamente cuando las necesitamos. El autor y pastor Francis Frangipane afirma con elocuencia:

> "La Palabra de Dios, unida con el Espíritu Santo, es el vehículo de nuestra transformación a la imagen de Cristo… La Palabra es Dios. Las Escrituras no son Dios, sino que el Espíritu que sopla mediante las palabras es Dios. Y este Espíritu Santo debería ser honrado como Dios; por lo tanto, cuando usted busque al Señor… ore para que no se limite a leer intelectualmente. Más bien, pida al Espíritu Santo que hable a su corazón mediante la Palabra… Cuando se arrodille en humildad delante del Señor, la Palabra será injertada

en su alma, convirtiéndose realmente en una parte de su naturaleza (vea Santiago 1:21)".[1]

Haga una pausa y pregúntese: *¿Cómo me acerco a la Palabra de Dios? ¿Invito a mi Maestro a que me enseñe? ¿La leo o recibo de ella?* Ahora, pregunte al Espíritu: "¿Qué puedo hacer de modo distinto para ver que la Palabra cobre vida y se convierta en una parte de mi naturaleza?". Anote lo que Él le revele y póngalo en práctica.

_____

_____

_____

¿Es el tiempo devocional el único momento en que el Espíritu enseña? No. Él está enseñando *todo el tiempo*, y si usted está en sintonía con Él, hay una lección que aprender en cada esquina. Frangipane sugiere:

> "Lleve cuaderno y pluma con usted en todo momento… Somos llamados a permanecer en Él, no solo a visitarlo… Debemos desarrollar un oído que escucha de tal manera, que el Espíritu pueda hablarnos en cualquier lugar sobre cualquier cosa. Hónrele y Él le honrará".[2]

Esto podría verse de modo distinto para cada persona. Use cualquier medio o tecnología que mejor funcione para usted. El punto importante es que escuche y recuerde lo que Él le hable.

Medite atentamente en estos versículos. ¿Qué le está revelando el Espíritu sobre la Palabra en su vida?

2 Timoteo 3:16-17; 2 Pedro 1:12-21

_____

_____

_____

Deuteronomio 6:6, 11:18; Salmos 119:9-11; Colosenses 3:16

_____

_____

_____

Salmos 19:8, 119:105, 130; Proverbios 4:20-23, 6:20-23

_____

_____

_____

Hebreos 4:12; Santiago 1:21; Jeremías 23:28-29

_____

_____

_____

"Clama a mí y yo te responderé. Te diré cosas maravillosas
que tú nunca podrías imaginar por ti mismo".

–Jeremías 33:3 MSG (traducción directa)

Declare su lealtad a Él como Señor

Jesús contestó: —El mandamiento más importante es: "... El Señor nuestro Dios es el único Señor. Ama al Señor tu Dios con todo tu corazón, con toda tu alma, con toda tu mente y con todas tus fuerzas".

—Marcos 12:29-30 NTV

El Señor, que es el Espíritu, nos ama apasionadamente y quiere nuestro amor exclusivamente. No quiere que nuestro afecto y atención estén unidos al mundo ni a ninguna cosa en él. Él dice:

No amen los caminos del mundo. No amen los bienes del mundo. El amor al mundo desplaza el amor por el Padre. Prácticamente todo lo que sucede en el mundo (querer nuestro propio camino, querer todo para nosotros, querer parecer importantes) no tiene nada que ver con el Padre. Solamente nos aísla de Él. El mundo y solamente querer y querer están fuera del camino; pero quien hace lo que Dios quiere, está fijado para la eternidad.

–1 Juan 2:25-17 MSG (traducción directa)

Lea estos pasajes relacionados: Mateo 16:24-26; Tito 2:12-14; Santiago 4:4-6; Juan 15:18-21; Romanos 12:2.

¿Dónde está puesta su lealtad? Haga un inventario honesto. Pregúntese:

¿Quién o qué se lleva la mayor parte de mi tiempo y atención? ¿Qué hago en mi tiempo libre?

_____

_____

_____

¿Quién o qué me emociona? ¿Están la tecnología y las tendencias de moda en sus lugares adecuados en mi vida?

_____

_____

_____

¿En qué tipo de cosas gasto mi dinero?

_____

_____

_____

¿Qué ocupa mi mente la mayor parte del tiempo? ¿De qué hablo con frecuencia? ¿Qué temas inundan mis oraciones?

_____

_____

_____

Nuestras palabras revelan nuestras lealtades. Jesús dijo que de lo que hay en nuestro corazón habla nuestra boca (véase Lucas 6:45).

Repase sus respuestas. Pregunte al Espíritu Santo: "¿Necesito que tú ajustes mis prioridades? ¿Hay algo que se haya convertido en un ídolo en mi vida? ¿Hay algo que esté buscando más que a ti?". ¿Qué le está diciendo Él? ¿Qué pasos le está impulsando a dar para redirigir su lealtad a Él?

_____

_____

_____

Medite en las palabras de Dios en Mateo 6:19-20 y Colosenses 3:1-17. Úselas para escribir una *oración de dedicación* pidiendo al Espíritu Santo que le mantenga leal al Señor su Dios.

_____

_____

_____

DEVO DÍA 3

Crezca gradualmente por su gracia

*Somos transfigurados como el Mesías, nuestras vidas
gradualmente se vuelven más brillantes y más hermosas
cuando Dios entra en nuestras vidas y somos semejantes a Él.*

–2 Corintios 3:18 MSG (traducción directa)

Justamente antes de ir a la cruz, Jesús hizo una afirmación clave sobre el Espíritu Santo: "Aún tengo muchas cosas que decirles, *pero no pueden manejarlas ahora.* Pero cuando venga el Amigo, el Espíritu de la Verdad, los llevará de la mano y los guiará a toda la verdad…" (Juan 16:12-13 MSG, traducción directa).

Como Aquel que todo lo sabe, Jesús podría haber compartido muchas verdades con sus discípulos, pero sabía que ellos aún no podían entenderlas; necesitaban tiempo para crecer. Cuando Él murió, resucitó y ascendió a los cielos, el Padre envió su Espíritu para ayudarnos a crecer gradualmente por su gracia.

¿Esperaría un buen padre que su hijo recién nacido entendiera la multiplicación? ¿O que su niño pequeño supiera cómo preparar los impuestos? No. De modo similar, el Espíritu Santo espera hasta que seamos lo bastante maduros para manejar la verdad que necesita decirnos. Él no solo nos guía a toda verdad con respecto a la Escritura, sino que también nos guía a la verdad con respecto a nosotros mismos, nuestros hijos, nuestra salud, nuestras circunstancias, y otras cosas.

Según la Palabra de Dios, crecemos (llegamos a ser como Jesús) de un nivel de fe y gloria a otro.[3] Nosotros tenemos una parte en este proceso, y también la tiene el Espíritu Santo. Medite con atención en Filipenses 1:6, 2:12-13; 1 Tesalonicenses 5:23-24; y Hebreos 13:20-21. ¿Qué le está revelando el Espíritu en estos versículos sobre crecer en Cristo? ¿Ve un tema repetido?

_____

_____

_____

El predicador inglés más conocido durante la última parte del siglo XIX, Charles H. Spurgeon, escribió prolíficamente sobre muchos temas, incluidos el Espíritu Santo y crecer espiritualmente. Él dijo:

> "Confiamos en Jesús para lo que no podemos hacer nosotros mismos. Si fuera en nuestra propia capacidad, ¿por qué necesitaríamos mirarlo a Él? A nosotros nos corresponde creer; al Señor [el Espíritu Santo] le corresponde crearnos de nuevo. Él no creerá por nosotros, y tampoco hemos nosotros de hacer obra regeneradora por Él. Es suficiente para nosotros con *obedecer* el mandato de gracia; al Señor corresponde obrar el nuevo nacimiento en nosotros".[4]

No sucumba a pensar: *Debería ser más maduro espiritualmente*. Eso no es cierto; solamente le hace sentirse condenado y le quita la fortaleza espiritual. Haga una pausa y ore: "Espíritu Santo, ¿cómo ves tú dónde estoy en este momento (mi nivel de madurez espiritual)?". ¿Qué le está diciendo Él?

_____

_____

_____

El modo en que el Espíritu le ve es el modo en que debería verse a usted mismo. Pídale a Él que le dé gracia para aceptar el lugar donde está para así poder seguir creciendo.

¿Ha estado intentando frenéticamente cambiarse a usted mismo? Si es así, ¿cómo? ¿Qué ve de modo distinto ahora?

_____

_____

_____

DEVO DÍA 4

Valore las conexiones divinas que Él crea

Amen desde el centro de su ser; no lo finjan...
Sean buenos amigos que aman profundamente;
practiquen el estar a la sombra.

—Romanos 12:9-10 MSG (traducción directa)

Fuimos creados para la relación: relación con el Padre y con los demás. Piénselo. ¿Cómo sería la vida sin relaciones? Si apartara todas las relaciones que dan vida, ¿qué le quedaría? Una vida solitaria y vacía.

¡Gracias a Dios por las relaciones! El valor de un buen amigo no tiene precio. Un buen amigo nos afila mentalmente, emocionalmente y espiritualmente, como el hierro afila el hierro. Un buen amigo expone amorosamente el error y aporta corrección cuando se necesita. Un buen amigo celebra nuestros éxitos y nos alienta a seguir adelante en las dificultades de la vida.

Es mejor ser dos que uno, porque ambos pueden ayudarse mutuamente a lograr el éxito. Si uno cae, el otro puede darle la mano y ayudarle; pero el que cae y está solo, ese sí que está en problemas.

–Eclesiastés 4:9-10 NTV

Hemos aprendido que hay tres niveles de relaciones: física, del alma y espiritual. Ver esto, ¿cómo le ayuda a entender sus relaciones actuales? ¿Con quién le ayuda más? ¿Por qué?

_____

_____

_____

Las conexiones más profundas y significativas que podemos tener están en el nivel espiritual. Describa cómo se ve este tipo de relación. ¿Cuáles son algunos beneficios de tener compañerismo a nivel espiritual en lugar de solamente los niveles físico o del alma?

_____

_____

_____

¿Hay personas con las cuales le gustaría desarrollar relaciones más profundas? Haga una pausa y ore: "Espíritu Santo, ¿qué puedo hacer para cultivar relaciones espirituales más profundas con las personas que tú has puesto en mi vida?". Esté quieto y escuche. Anote lo que Él le esté hablando.

_____

_____

_____

Oración por conexiones divinas:

Espíritu Santo, otórgame conexiones divinas. Lo que Jonatán era para David, lo que Rut era para Noemí, lo que Juan era para Jesús, así conéctame con las personas con quienes quieras que tenga una relación. Dame tu gracia para cultivar amistades sanas, incluidas las que están en un nivel espiritual. En el nombre de Jesús. ¡Amén!

Para más estudio:

Proverbios 13:20, 17:9, 17, 27:6, 10, 17; Juan 15:13; 1 Juan 1:7; 1 Samuel 18:1-4

DEVO DÍA 5

Experimente a Dios en el nivel más profundo

... Aprende a conocer íntimamente al Dios de tus antepasados. Adóralo y sírvelo de todo corazón y con una mente dispuesta.

−1 Crónicas 28:9 NTV

La mayor empresa de Dios es conocernos íntimamente, y Él nos invita a experimentar la vida con Él. ¿Podría haber una empresa mayor? Pablo dijo: *"Así es, todo lo demás no vale nada cuando se le compara con el infinito valor de conocer a Cristo Jesús, mi Señor. Por amor a él, he desechado todo lo demás y lo considero basura a fin de ganar a Cristo"* (Filipenses 3:8 NTV).

Cómo experimentar las profundidades de Jesucristo era la pasión de Jeanne Guyon. Tan vital era esta misión, que ella escribió un libro con ese título. Esta mujer francesa del siglo XVII influenció a creyentes como John Wesley, Hudson Taylor y Watchman Nee. Con respecto a la intimidad, dijo:

> "Permita que le pregunte… ¿desea conocer al Señor de manera profunda? Dios ha hecho que sea posible para usted tal experiencia, tal caminar. Él lo ha hecho posible mediante la gracia que ha dado a *todos* sus hijos redimidos. Él lo ha hecho por medio de su Espíritu Santo. ¿Cómo, entonces, se acercará usted al Señor para conocerlo de esa manera profunda? La oración es la clave".[5]

Por lo tanto, ¿cómo describiría la oración en relación con conocer a Dios íntimamente? Lea atentamente la oración de Jesús en Mateo 6:5-15. ¿Qué puede aprender de Él y aplicar a su vida?

_____

_____

_____

Como hemos aprendido, cuando nacemos de nuevo el Espíritu Santo viene a vivir a nuestro espíritu. Así, cuando el Espíritu se comunica con nosotros, lo hace en nuestro *espíritu*. Jeanne Guyon continúa:

> "El Señor se encuentra solamente en su espíritu, en los rincones profundos de su ser, en el Lugar Santísimo; es ahí donde Él habita. El Señor prometió una vez venir y hacer su hogar en el interior de usted (Juan 14:23). Él prometió encontrarse ahí con quienes lo adoran y hacen su voluntad. El Señor se encontrará con usted en su espíritu… Cuando su corazón se haya dirigido interiormente hacia el Señor, tendrá usted una impresión de su presencia".[6]

La manera más íntima en que podemos conocer a Dios es por su Espíritu: su Espíritu Santo que Él nos ha dado (véase 1 Corintios 2:9-12). Haga una pausa y ore: "Espíritu Santo, ¿hay alguna idea errónea, mala experiencia, o prejuicio personal que yo tenga con respecto a ti y que esté distorsionando mi entendimiento de ti?". Esté quieto y escuche. Pídale que quite cualquier mentalidad que le esté alejando de su presencia. Escriba lo que Él le revele.

_____

_____

_____

Medite en esta verdad y pida al Espíritu Santo que revele su significado a su corazón.

> *En cambio, cuando alguien se vuelve al Señor, el velo es quitado. Pues el Señor es el Espíritu, y donde está el Espíritu del Señor, allí hay libertad. Así que, todos nosotros, a quienes nos ha sido quitado el velo, podemos ver y reflejar la gloria del Señor. El*

Señor, quien es el Espíritu, nos hace más y más parecidos a él a medida que somos transformados a su gloriosa imagen.

–2 Corintios 3:16-18 NTV

Preguntas de discusión

Si está usando este libro como parte de la serie *Messenger* sobre el Espíritu Santo, por favor remítase a la sesión 3 del video.

1. Jesús dijo que los fariseos habían permitido que las *tradiciones* de hombres usurparan la autoridad de la Palabra de Dios. ¿Qué son tradiciones de hombres, y por qué están dañando nuestra comunión con nuestro Creador? Dé al menos un ejemplo actual de tradiciones de hombres que usurpan la verdad de la Palabra de Dios.

_____

_____

_____

2. El Espíritu Santo *anhela* ser nuestro mejor amigo y está celoso de nuestro compañerismo íntimo. ¿Qué cosas en el mundo diría usted que han robado la atención y el afecto de la Iglesia (creyentes) alejándolos del Espíritu? ¿Qué sucederá si coqueteamos con el mundo, buscando sus placeres, posesiones y estatus más que la comunión con el Espíritu?

_____

_____

_____

3. ¿Qué está comunicando Jesús al apóstol Tomás en Juan 20:29? ¿Cómo está conectada esta verdad con las palabras de Dios por medio del apóstol Pablo en 2 Corintios 5:16, y cómo mejora esta verdad nuestra relación íntima con el Señor?

_____

_____

_____

4. Enumere y describa los *tres niveles de relaciones* que podemos tener con otros. ¿Cuál es el nivel más profundo y por qué? ¿Cómo podemos conectar con personas a este nivel?

_____

_____

_____

5. Se nos ha dado un regalo tremendo en el Espíritu Santo: la capacidad de conocer a Dios íntimamente. Lea atentamente 1 Corintios 2:11-16. ¿Qué está hablando el Espíritu Santo en este pasaje sobre conocer verdaderamente a Dios?

_____

_____

_____

6. Pedro y los otros discípulos tuvieron una experiencia como ninguna otra: se relacionaron con Jesús cara a cara. Pablo no compartió esa experiencia; sin embargo, Dios le usó poderosamente. ¿Cómo fue posible eso?

Para saber más: lea Juan 20:29; 2 Corintios 5:16; y 2 Pedro 3:15-16.

_____

_____

_____

7. ¿Qué le sucederá a nuestra relación con Dios si descuidamos buscar la comunión con el Espíritu Santo? Si lo desea, comparta con su grupo algunas maneras prácticas en que ha podido conectar con el Espíritu Santo y experimentar su asombrosa amistad.

_____

_____

_____

Notas

RESUMEN DEL CAPÍTULO:

* Si queremos tener una relación profunda e íntima con Dios, tenemos que conocerlo por su Espíritu.

* Solamente el Espíritu conoce y revela los pensamientos, sentimientos y propósitos del corazón de Dios.

* Se nos ha dado el Espíritu de Dios; Él es el Maestro supremo que nos guía a toda verdad.

* Mantener amistad con el mundo, la búsqueda egoísta de estatus y placeres, es ser enemigo de Dios.

* El Espíritu Santo es un caballero; Él no forzará su voluntad o su amistad sobre nosotros.

* Los tres niveles de relación son: física (más baja y más superficial), del alma (o personalidad), y espiritual (la más profunda y más íntima).

* Conocer a Dios por su Espíritu es más profundo y más íntimo que conocerlo solamente mediante la interacción con la Persona física de Jesús.

— 4 —

EMPODERADOS POR EL ESPÍRITU SANTO

DÍA 1

Tome un momento para imaginarse un rey de la Edad Media. Trate de visualizar su medio ambiente: el castillo y las torres, los caballeros y las mujeres, las batallas, el reino y su gloria. El linaje y la posición de un rey eran considerados como algo ordenado por Dios, así que los reyes eran reverenciados por sus súbditos, y vivían en riqueza. La palabra del rey era ley, y sus veredictos no se cambiaban. Un buen rey entendía que era su responsabilidad proteger a aquellos que vivían dentro de los límites de su reino. Él estaba a cargo de buscar los intereses del reino, extendiendo sus fronteras y asegurando los recursos del mismo.

La responsabilidad que traía esta posición era increíble, y a consecuencia de esto se le daba al rey un poder extraordinario, en muchas ocasiones hasta poder absoluto. Tenga en mente que no estoy describiendo un representante típico de nuestra era, donde las formas más comunes de gobierno son la democracia y las repúblicas. Estoy describiendo una monarquía en todo el sentido de la palabra. Ahora, imagínese a un rey como este, rechazando o simplemente ignorando todo el poder que conlleva esta posición.

¿Qué le pasaría a este reino? Se vería conquistado en muy poco tiempo, sus habitantes esclavizados, y sus recursos confiscados. No es suficiente para el rey el simple hecho de tener la posición. Me refiero a que simplemente disfrute los lujos de un estilo de vida de mucho dinero y en el palacio. Él necesita ejercer sus funciones de rey, las cuales están hechas para que se lleven a cabo a través del poder que trae su posición. La posición de autoridad no tiene efecto alguno si él no hace uso del poder que trae la misma.

Como hijos de Dios, hemos venido a ser co-herederos con Cristo. En Romanos leemos: "Y si hijos, también herederos; herederos de Dios (…) para que juntamente con él seamos glorificados" (Romanos 8:17). Esta posición se nos vuelve a hacer clara en Efesios 2:6: "y juntamente con él nos resucitó, y asimismo nos hizo sentar en los lugares celestiales con Cristo Jesús". En y a través de Cristo hemos sido re-posicionados. Ya no somos como si fuésemos hijos del mundo, todo lo contrario; somos realeza (herederos) en el Reino del Cielo. Como herederos en este Reino, se nos ha encargado el avance de la misión de nuestro Señor. Su Reino y conquista han venido a ser parte de nosotros también, porque hemos sido adoptados, y por lo tanto, somos parte de Su linaje. ¡Qué verdad impresionante! Pero como en la ilustración de un rey terrenal, si vamos a ser efectivos en nuestra posición en Cristo, necesitamos descubrir y ejercer el poder que viene con esta posición.

Dios, al resucitar a Jesucristo, nos resucitó, y nos dio un lugar en el cielo, junto a Él. En este capítulo vamos a inquirir cómo se nos ha conferido u otorgado este poder para llevar a cabo nuestro rol en el avance de Su Reino. Pedro declaró:

> Pero ustedes son linaje escogido, real sacerdocio, nación santa, pueblo adquirido para posesión de Dios, a fin de que anuncien las virtudes de Aquél que los llamó de las tinieblas a Su luz admirable (1 Pedro 2:9 NBHL).

Antes de continuar es importante notar lo siguiente: la posición siempre precede al poder. Necesitamos posicionarnos en Cristo antes de que podamos hacer cualquier cosa para Su Reino.

El poder que necesitamos

Y estando juntos, les mandó que no se fueran de Jerusalén, sino que esperasen la promesa del Padre, la cual, les dijo, oísteis de mí. Porque Juan ciertamente bautizó con agua, mas vosotros seréis bautizados con el Espíritu Santo dentro de no muchos días (Hechos 1:4-5).

Jesús no les sugirió a los apóstoles que esperaran por la Promesa; tampoco les recomendó que prestaran atención a Sus instrucciones. Él les *"mandó que no se fueran de Jerusalén"* hasta que la Promesa viniera. Jesús estaba comprometido a poner un sentido de urgencia e importancia en esto porque ser empoderado por el Espíritu es esencial para cualquier trabajo en el Reino. Él sabía que Sus discípulos estaban ansiosos de compartir las buenas nuevas de su resurrección, y se podían cansar mientras esperaban esta promesa del Espíritu Santo. En Hechos 1:3 aprendemos que ellos habían pasado unos días con Jesús, escuchándolo enseñar acerca del Reino de Dios. La Biblia declara que los apóstoles habían recibido "pruebas infalibles (irrefutables)" de Su resurrección. Ellos no necesitaban ser persuadidos por Su causa porque habían recibido antes que nadie la evidencia de la victoria de Cristo sobre la muerte. En otras palabras, ellos estaban listos para ir.

Pero Jesús los mira y les dice: No comiencen sus ministerios. No empiecen a predicar el evangelio por todo el mundo y no planten ninguna iglesia hasta que no hayan sido investidos con poder del Espíritu (Lucas 24:49, paráfrasis del autor). Yo creo que Jesús les dio esta instrucción a aproximadamente 500 personas (vea 1 Corintios 15:6). Sin embargo, en Hechos 1:15, encontramos que el número de personas que estaban en el aposento alto había disminuido a 120.

¿Qué sucedió con los otros 380? Personalmente creo que con cada día que pasaba, más y más de los 500 se iban, hasta que quedaron solo 120. Tal vez los 380 que se fueron pensaron: "Vámonos a las sinagogas, abramos iglesias y vamos a compartir las buenas nuevas de la resurrección de Jesús. Después de todo, no sería bueno que perdiéramos un día más sin que se compartan estas noticias". Solo 120 estuvieron dispuestos a esperar el mandato del Maestro.

A este punto usted estará pensando: Bueno, John, claro que los discípulos necesitaban esperar por el Espíritu Santo. No lo habían recibido todavía. Es diferente en este tiempo, porque nosotros recibimos al Espíritu Santo cuando somos salvos.

> (…) *Paz a vosotros. Como me envió el Padre, así también yo os envío. Y habiendo dicho esto, sopló, y les dijo: Recibid el Espíritu Santo* (Juan 20:21-22).

Jesús sopló a los discípulos y les dijo: *"Recibid el Espíritu Santo"*. La palabra griega "recibe" significa "inmediatamente o ahorita mismo".[1] Esto no era una suposición de lo que iba a pasar. Los discípulos recibieron el Espíritu Santo antes de que Jesús ascendiera al cielo. Pero ellos no habían sido investidos del poder hasta que no fueran llenos con el Espíritu en el Día de Pentecostés.

> *Cuando llegó el día de Pentecostés, estaban todos unánimes juntos. Y de repente vino del cielo un estruendo como de un viento recio que soplaba, el cual llenó toda la casa donde estaban sentados; y se les aparecieron lenguas repartidas, como de fuego, asentándose sobre cada uno de ellos. Y fueron todos llenos del Espíritu Santo, y comenzaron a hablar en otras lenguas, según el Espíritu les daba que hablasen* (Hechos 2:1-4).

Yo sé que muchos de nosotros hemos sido testigos de este evento en las clases dominicales, con dibujos y láminas en el pizarrón. Lo típico es ver un dibujo de una reunión de creyentes con las lengüitas en fuego, o fuego sobre sus cabezas. Esta tal vez no sea la mejor manera de representar lo sucedido. En el Antiguo Testamento el fuego con frecuencia simboliza la presencia de Dios. Lo que el autor de Hechos describe como *"lenguas, como de fuego"* es la manifestación de la presencia de Dios. Estos seguidores de Jesús, ambos hombres y mujeres, fueron envueltos, bautizados en la presencia de Dios, y se manifestó como fuego. Esta presencia revelada se puede ver también cuando se hace referencia a *"un viento recio"*. Como establecimos en el capítulo 1, el Espíritu Santo no es "un viento recio". Él es una Persona. Sin embargo, la manifestación de Su llegada en el aposento alto tomó forma de un viento recio.

La palabra griega "llenos" en Hechos 2:4 significa literalmente "saciado".[2] Saciar significa "estar lleno en exceso". Aquellos que estuvieron en el aposento alto fueron llenos en exceso con el Espíritu Santo. Todos experimentaron la presencia manifestada de Dios a un grado mayor en sus vidas. Además de las manifestaciones de fuego y viento, otra señal de la llenura del Espíritu fue el hecho de que los creyentes comenzaron a hablar en otras lenguas.

DÍA 2

¿Por qué lenguas?

Lengua se conoce también como un idioma. Si yo estuviera en España y conociera a alguien que no estuviera hablando español, le preguntaría una de dos: "¿Cuál es su lengua natal?" o "¿Cuál es su lengua materna?". Tienen el mismo significado. De la misma forma yo no le preguntaría a alguien que habla inglés cuál es su lengua, porque ese es mi lenguaje y yo lo reconozco. Por lo tanto, para mí el inglés es una lengua conocida, como puedo considerar otro lenguaje como una lengua desconocida. Más tarde abundaré en este tema.

En el Día de Pentecostés, había judíos de muchas naciones reunidos en Jerusalén para una celebración religiosa. Como residentes de varios países y regiones, estos judíos tenían diferentes "lenguas maternas" o "natales".

> *Moraban entonces en Jerusalén judíos, varones piadosos, de todas las naciones bajo el cielo. Y hecho este estruendo, se juntó la multitud; y estaban confusos, porque cada uno les oía hablar en su propia lengua. Y estaban atónitos y maravillados, diciendo: Mirad, ¿no son galileos todos estos que hablan? ¿Cómo, pues, les oímos nosotros hablar cada uno en nuestra lengua en la que hemos nacido?* (Hechos 2:5-8).

Note que la Biblia establece *"hecho este estruendo, se juntó la multitud"*. Esta manifestación atrajo a muchos a los que estaban hablando en lenguas. La multitud estaba atónita de que los galileos (muchos de los cuales eran considerados analfabetas e incultos) estuvieran hablando en tantas lenguas diferentes. Esta manifestación del Espíritu de Dios fue una señal para aquellos que todavía no eran seguidores de Jesús.

> (...) les oímos hablar en nuestras lenguas las maravillas de Dios. Y estaban todos atónitos y perplejos, diciéndose unos a otros: ¿Qué quiere decir esto? (Hechos 2:11-12).

Este derramamiento del Espíritu creó la oportunidad para que Pedro respondiera con uno de los sermones más famosos en la Biblia, en el cual dijo:

> A este Jesús resucitó Dios, de lo cual todos nosotros somos testigos. Así que, exaltado por la diestra de Dios, y habiendo recibido del Padre la promesa del Espíritu Santo, ha derramado esto que vosotros ven y oís (Hechos 2:32-33).

Note que todos habían visto y escuchado la evidencia del poder del Espíritu Santo. Unos versos más adelante, la multitud respondió:

> Al oír esto, se compungieron de corazón, y dijeron a Pedro y a los otros apóstoles: Varones hermanos, ¿qué haremos? (Hechos 2:37)

Pedro les dijo:

> (...) Arrepentíos, y bautícese cada uno de vosotros en el nombre de Jesucristo para perdón de los pecados; y recibiréis el don del Espíritu Santo. Porque para vosotros es la promesa, y para vuestros hijos, y para todos los que están lejos; para cuantos el Señor nuestro Dios llamare (Hechos 2:38-39).

Así como Pedro declaró las buenas nuevas de salvación que estaban disponibles para todo aquel que llamara al nombre del Señor (vea Romanos 10:13), también hizo bastante claro que el regalo del Espíritu Santo está disponible para todo el que cree.

¡Maravilloso! La promesa está a la disposición para todo creyente pasado, presente y futuro.

Cuatro acontecimientos

En el libro de los Hechos, hay cuatro acontecimientos adicionales donde personas fueron llenas del Espíritu Santo después del Día de Pentecostés. Mientras los revisamos quisiera darle atención especial a dos cosas. Primero, en todos menos uno de estos sucesos, la investidura o llenura del Espíritu Santo es algo separado de la experiencia de la salvación. Segundo, aquellos que fueron testigos de estas llenuras o investiduras del Espíritu, vieron y oyeron la evidencia de la presencia del Espíritu Santo en los nuevos creyentes.

Felipe y los samaritanos

Nosotros encontramos el primero de estos cuatro acontecimientos en Hechos 8. Felipe ha sido enviado a la ciudad de Samaria a compartir el evangelio de Jesucristo. Mientras se compartía el evangelio, toda la ciudad experimentó avivamiento. Los cojos fueron sanados, los espíritus inmundos fueron reprendidos, y muchos recibieron las buenas nuevas de salvación de nuestro Dios.

> *Pero cuando creyeron a Felipe, que les anunciaba las buenas nuevas del reino de Dios y el nombre de Jesucristo, tanto hombres como mujeres se bautizaron. Simón mismo creyó y, después de bautizarse, seguía a Felipe por todas partes, asombrado de los grandes milagros y señales que veía* (Hechos 8:12-13 NVI).

¿Nacieron de nuevo los samaritanos cuando creyeron las buenas nuevas de Jesucristo? Absolutamente. Cuando una persona cree el evangelio, él o ella recibe a Jesucristo, y viene a ser un hijo de Dios. Estos nuevos creyentes fueron luego bautizados en agua como muestra de su fe en Cristo. Aún así vemos en los versículos que siguen, que los líderes de la primera iglesia sabían que tenía que haber algo más. Además de la conversión y el bautismo en agua, los nuevos creyentes necesitaban el bautismo del Espíritu Santo.

> *Cuando los apóstoles que estaban en Jerusalén se enteraron de que los samaritanos habían aceptado la palabra de Dios, les enviaron a Pedro y a Juan. Éstos, al llegar, oraron por ellos para que recibieran el Espíritu Santo, porque el Espíritu aún no había descendido sobre ninguno de ellos; solamente habían sido*

bautizados en el nombre del Señor Jesús (Hechos 8:14-16 NVI).

Cuando escucharon que Samaria había recibido el evangelio, los apóstoles decidieron enviar a Pedro y a Juan a Samaria. ¿Por qué los apóstoles enviaron a uno de sus miembros más respetados a orar con los samaritanos? Después de todo, los samaritanos ya habían recibido salvación y habían sido bautizados en agua. Pedro y Juan fueron enviados específicamente para orar *"que recibieran el Espíritu Santo"* (v.15). Recuerde que Jerusalén quedaba a más de treinta y cinco millas de Samaria.[3] Esta distancia no parece ser mucho hoy, pero los apóstoles no tenían autos ni acceso a los medios de transporte público que tenemos hoy. Ellos tenían que viajar estas treinta y cinco millas a pie o en el lomo de un animal. Era un viaje que tomaba alrededor de dos días; no era uno de aquí a la vuelta de la esquina.

> **AL RECIBIR LA SALVACIÓN, USTED ES REPOSICIONADO EN CRISTO; SIN EMBARGO, USTED NO ES LLENO CON EL PODER DEL ESPÍRITU HASTA QUE SE LO PIDA AL PADRE.**

Otra vez es importante notar que los nuevos creyentes *"habían sido bautizados en el nombre de Jesús"*. Ellos eran ahora hijos de Dios. Sin embargo, había un elemento del regalo de la salvación que no habían experimentado todavía. Usted estará pensando: Espere un momento, John, yo pensaba que el Espíritu de Jesucristo hace morada en nuestros corazones tan pronto recibimos el regalo de la salvación. Y así es. Primera de Corintios 12:3 establece claramente: *"Nadie puede llamar a Jesús Señor, sino por el Espíritu Santo"*. No podemos confesar el señorío de Jesús fuera de la influencia del Espíritu Santo. Aún así, esto es diferente a ser llenos con el Espíritu Santo.

La Biblia hace claro que todos los que están en Cristo son santificados y sellados por el Espíritu Santo (vea 1 Pedro 1:2, Efesios 1:13). Así que no hay duda que recibir la presencia del Espíritu Santo es parte de la experiencia de la salvación. Cuando Dios lo mira, lo que ve es el Espíritu de su Hijo. Recuerde, al recibir la salvación, que usted es reposicionado en Cristo; en ese momento usted es parte de Su herencia y Reino. Sin embargo, usted no es lleno con el poder del Espíritu hasta que se lo pida al Padre. Jesús dijo:

> *Pues si vosotros, siendo malos, sabéis dar buenas dádivas a vuestros hijos, ¿cuánto más vuestro Padre celestial dará el Espíritu Santo a los que se lo pidan?* (Lucas 11:13).

Jesús llamó a Dios *"el Padre celestial".* Por lo tanto, es evidente que les está hablando a los creyentes. Nosotros sabemos esto porque en Juan, Jesús hace mención de *"el Espíritu de verdad, al cual el mundo no puede recibir, porque no le ve, ni le conoce"* (Juan 14:17). El mundo representa aquellos que existen fuera del Reino de Dios. Claramente, nadie que no se haya sometido al señorío de Jesús puede recibir el Espíritu Santo. Así que esta instrucción de pedir al Padre por el Espíritu no es una referencia a la salvación. Esto pertenece a la llenura que solo pueden recibir los que son salvos.

Ahora, regresemos a Hechos 8:

> *Entonces Pedro y Juan pusieron sus manos sobre la cabeza de cada uno, y todos ellos recibieron el Espíritu Santo. Al ver Simón que la gente recibía el Espíritu Santo cuando los apóstoles les ponían las manos sobre la cabeza, les ofreció dinero a los apóstoles y les dijo: — Denme ese mismo poder que tienen ustedes. Así yo también podré darle el Espíritu Santo a quien le imponga las manos* (Hechos 8:17- 19 TLA).

Pedro y Juan pusieron sus manos sobre los creyentes, y ellos recibieron el Espíritu Santo. Esta llenura del Espíritu fue claramente evidente en lo físico porque la Biblia dice: *"Al ver Simón que la gente recibía el Espíritu"*. Simón, quien era creyente, estaba maravillado por la manifestación del poder del Espíritu Santo en los creyentes, y hasta ofreció pagarles a los apóstoles para que le enseñaran cómo impartir este poder. Esto fue muy inapropiado, por lo cual Pedro lo reprendió.

A través del libro de los Hechos, la llenura del Espíritu era típicamente seguida por una manifestación exterior que se podía ver y escuchar. La forma más común eran las lenguas y la profecía. Esta es la razón por la cual los apóstoles decían con frecuencia que el Espíritu Santo "venía sobre" los creyentes. Este acontecimiento en Samaria es uno donde la Biblia no dice específicamente que las lenguas y la profecía eran parte de la llenura del Espíritu. Sin embargo, podemos deducir que esta demostración sí ocurrió porque de otra manera Simón, el que fue brujo, no hubiera visto la evidencia de la presencia del Espíritu en los creyentes.

DÍA 3

Saulo de Tarso

La historia sobre la conversión de Saulo es una de las más notables en la Escritura. Quiero enfocarme en lo que posiblemente sea uno de los aspectos menos destacados en este maravilloso encuentro. En Hechos 9, encontramos a Saulo persiguiendo a los creyentes en Damasco:

> Mas yendo por el camino, aconteció que al llegar cerca de Damasco, repentinamente le rodeó un resplandor de luz del cielo; y cayendo en tierra, oyó una voz que le decía: Saulo, Saulo, ¿por qué me persigues? Él dijo: ¿Quién eres, Señor? Y le dijo: Yo soy Jesús, a quien tú persigues; dura cosa te es dar coces contra el aguijón. Él, temblando y temeroso, dijo: Señor, ¿qué quieres que yo haga? Y el Señor le dijo: Levántate y entra en la ciudad, y se te dirá lo que debes hacer (Hechos 9: 3-6).

Note que Saulo llama a Jesús "Señor". Cuando Jesucristo viene a ser Señor de nuestras vidas, nacemos de nuevo inmediatamente. Yo creo que Saulo se convirtió en un creyente en el momento que reconoció el señorío de Jesús.

Después de este encuentro con el Señor, Saulo pasa los próximos tres días en una ciudad en espera de más instrucción. Luego el Señor le pide a un discípulo llamado Ananías que fuera donde estaba Saulo. Ananías estaba preocupado con estas directrices porque había escuchado muchas historias de cómo Saulo perseguía a los creyentes despiadadamente. Así que Dios le dijo: "El Señor le dijo: "Ve, porque instrumento escogido me es *éste, para llevar mi nombre"* (Hechos 9:15). Cuando llegó a la casa donde se estaba quedando Saulo, Ananías pone sus manos sobre él y dice:

> *Hermano Saulo, el Señor Jesús, que se te apareció en el camino por donde venías, me ha enviado para que recibas la vista y seas lleno del Espíritu Santo* (Hechos 9:17).

Obviamente Ananías sabía que Saulo había recibido salvación, porque lo llamó *"Hermano Saulo".* Aún siendo Saulo un creyente, Dios envió a Ananías para que orara específicamente para que Saulo recibiera la llenura del Espíritu Santo.

Nuevamente en este instante, vemos que la llenura del Espíritu Santo ocurrió después que el regalo de la salvación había sido recibido. En Hechos 9, usted no encontrará ninguna mención de Saulo hablando en lenguas. Sin embargo, sí sabemos que Saulo habló en lenguas porque más tarde el escribió: *"Doy gracias a Dios porque hablo en lenguas más que todos vosotros"* (1 Corintios 14:18). Personalmente, creo que Saulo comenzó a hablar en lenguas cuando Ananías oró por él. Pablo tuvo que recibir esta llenura aunque ya era salvo, porque el empoderamiento del Espíritu Santo era vital en los esfuerzos de Pablo para declarar a Jesús ante los gentiles, reyes y los hijos de Israel (vea Hechos 9:15).

Pedro y Cornelio

En Hechos 10 recibimos un pequeño vislumbre de lo que es el sentido del humor de nuestro Dios. En el verso 1 nos introduce a Cornelio, un oficial romano. La Biblia dice que Cornelio era un hombre devoto, con temor de Dios, amable con el pobre, y que oraba frecuentemente a Dios. A este punto el evangelio de salvación no había sido comunicado a los gentiles, así que Dios envió a un ángel a visitar a Cornelio. Sin embargo, el ángel no le reveló a Cornelio el plan de salvación que Dios tenía para él, sino le dice que mande a buscar a Pedro. En su entusiasmo, Cornelio envía a unos hombres inmediatamente a que encuentren a Pedro en el lugar que el ángel le había dicho.

Luego aprendemos que Pedro estaba residiendo en Jope cuando recibe una visión del cielo. En esta visión, Dios usa varias formas imaginarias para comunicarle que no debía llamar inmundo lo que Dios ya había limpiado (vea Hechos 10:8-15). Obviamente, Dios sabía que Pedro iba a pasar trabajo para entender el significado de esta visión porque se la dio tres veces. Mientras Pedro reflexionaba sobre el significado de la misma, los hombres de Cornelio llegan a la casa. El Espíritu Santo le da instrucciones a Pedro de que fuera con ellos a ver a Cornelio. Dios no le dijo a Pedro por qué estaba siendo enviado a casa de Cornelio, aún cuando era en contra de la costumbre de aquel tiempo que un judío devoto se asociara con un gentil. Cuando llegó a casa de Cornelio, Pedro dijo:

> (…) *Vosotros sabéis cuán abominable es para un varón judío juntarse o acercarse a un extranjero; pero a mí me ha mostrado Dios que a ningún hombre llame común o inmundo; por lo cual, al ser llamado, vine sin replicar. Así que pregunto: ¿Por qué causa me habéis hecho venir?* (Hechos 10:28-29).

Pedro comenzó a atar cabos y a ver la conexión entre la visión y su encuentro con este devoto gentil, así que comenzó a predicarle el evangelio a Cornelio. De repente, en medio del mensaje de Pedro, el Espíritu de Dios se manifiesta, y los gentiles comenzaron a hablar en lenguas. Pedro se quedó pasmado porque esto no había sucedido antes.

Dios sabía que a Pedro y a sus acompañantes judíos se les iba a hacer difícil entender el hecho de que el regalo de la salvación era también para los gentiles. Así que Dios derramó su Espíritu sobre los gentiles antes de que Pedro tuviera la oportunidad de orar por ellos o bautizarlos en agua, como prueba de que los que están fuera de la nación de Israel están incluidos en el plan de salvación también.

> *Todos los creyentes que eran de la circuncisión (Judíos Cristianos), que habían venido con Pedro, se quedaron asombrados, porque el don del Espíritu Santo había sido derramado también sobre los Gentiles, pues los oían hablar en lenguas y exaltar a Dios. Entonces Pedro dijo: "¿Puede acaso alguien negar el agua para que sean bautizados éstos que han recibido el Espíritu Santo lo mismo que nosotros?" Y mandó que fueran bautizados en el nombre de Jesucristo (…)* (Hechos 10:45-48 NBLH).

Los judíos no podían negar la evidencia de la salvación de Dios entre los gentiles porque ellos vieron y escucharon la manifestación del poder de Dios entre ellos (la llenura del Espíritu Santo). Los creyentes judíos estaban impresionados, no solo porque Dios había puesto la salvación a la disponibilidad de los gentiles, sino porque también envió la llenura del Espíritu antes de lo acostumbrado, que era la confesión pública y el bautismo en agua. Esta es la única ocasión en la Escritura donde usted encontrará a Dios operando de esta manera. En todas las demás ocasiones, el derramamiento del Espíritu Santo ocurre después de la conversión. Yo creo que Dios hizo esto porque Él sabía que los judíos requerían una señal que les mostrara que el regalo de la salvación había sido extendido para los gentiles también.

Los efesios

El cuarto acontecimiento que quiero examinar lo vemos en Hechos 19. Pablo se encuentra en medio de uno de sus tantos viajes cuando vino a Éfeso. Con su llegada, la Biblia dice que se encontró con algunos discípulos de Juan el Bautista. La primera pregunta que les hizo fue: *"¿Recibisteis el Espíritu Santo cuando creísteis?"* (Hechos 19:2). ¡Que increíble! Si esto fue lo primero que Pablo le preguntó a los efesios, debería ser una de las primeras preguntas para hacerle a cualquier recién convertido.

Nuevamente, ¿por qué era este asunto tan importante para los líderes de la iglesia primitiva? Porque la investidura del Espíritu Santo es esencial para nuestra misión en Cristo. ¿Por qué cualquiera de nosotros no quisiera vivir ni una hora sin el poder que aviva la misión (vea Hechos 1:8)? Para ser efectivos en el Reino del Padre, necesitamos posicionarnos en Cristo (salvación) y ser empoderados por el Espíritu Santo (tener la llenura del Espíritu).

> PARA SER EFECTIVOS EN EL REINO DEL PADRE, NECESITAMOS SALVACIÓN Y SER EMPODERADOS POR EL ESPÍRITU SANTO.

Pablo descubre que aunque estos efesios fueron discípulos de Juan el Bautista, no tenían idea de las buenas nuevas de salvación a través de Jesús, así que comenzó a compartir el evangelio con ellos.

Como mencioné anteriormente, recibir nuestra posición en Cristo siempre precede a la llenura de Su Espíritu. Aún cuando en el caso de Cornelio, la manifestación externa del poder (la llenura del Espíritu) precede a la confesión externa de salvación (en la forma del bautismo en agua), la salvación siempre viene antes de la llenura.

Por lo tanto, después de escuchar las palabras de Pablo, los efesios fueron primeramente *"bautizados en el nombre del Señor Jesús"* (Hechos 19:5). En otras palabras, ellos recibieron la salvación que es solamente a través de Jesucristo. Pero el encuentro no terminó allí:

> *Y habiéndoles impuesto Pablo las manos, vino sobre ellos el Espíritu Santo; y hablaban en lenguas, y profetizaban* (Hechos 19:6).

La llenura del Espíritu Santo tomó lugar después que los nuevos creyentes fueron bautizados en el nombre de Jesús. Antes del encuentro con Pablo, estos hombres conocían muy poco acerca de Jesús. Pero una vez que fueron llenos del Espíritu, profetizaron, lo que significa que declaraban el mensaje de Jesucristo. La llenura para profetizar lo que ellos no conocían minutos antes fue posible solamente a través del Espíritu. Es imposible para un creyente declarar con autoridad los misterios de Dios sin conocer primero Su Espíritu (vea 1 Corintios 2).

Estoy tan agradecido que nunca he tenido que predicar sin el poder del Espíritu. En mis propias fuerzas, no soy un buen orador en público. De la misma forma, no soy un buen escritor. Era tan malo en mi clase de inglés que reprobé unos exámenes importantes para mi educación. Nadie sabe mejor que yo que soy lo que soy por la gracia de Dios, y la investidura de su Espíritu. Sin la llenura de Su Espíritu, yo no podría escribir este libro. Él es la fuente de mi fuerza y habilidad. Sin Él mi tarea en el Reino sería imposible. Para mí, el Espíritu Santo es el "Manifestador" de la gracia de Dios.

DÍA 4

¿Han cesado las lenguas?

El amor nunca deja de ser; pero las profecías se acabarán, y cesarán las lenguas, y la ciencia acabará. Porque en parte conocemos, y en parte profetizamos; mas cuando venga lo perfecto, entonces lo que es en parte se acabará (1 Corintios 13:8-10).

Ahora que hemos examinado los acontecimientos sobre la llenura del Espíritu Santo del libro de los Hechos, quiero tratar una pregunta que muchos tal vez tengan. Con frecuencia escucho a personas decir que las lenguas han cesado. Estas personas se refieren generalmente al pasaje anterior de 1 Corintios 13. Los individuos que sostienen esta idea creen que Pablo se refería a la Biblia como "lo perfecto", cuando menciona *"mas cuando venga lo perfecto, entonces lo que es en parte se acabará"*. La idea detrás de este razonamiento es, ahora que lo perfecto (la Biblia) ha llegado, las lenguas han cesado.

Es importante que examinemos este pasaje cuidadosamente para determinar lo que Pablo está diciendo. Cuando consideramos este verso en su contexto, podemos ver con claridad que esta noción es imposible. Si las lenguas han cesado, entonces el conocimiento y la profecía también. ¿Han cesado el conocimiento y la profecía? Definitivamente no. Entonces, ¿a qué es a lo que se refiere Pablo con "lo perfecto"? La respuesta la encontramos en el verso doce:

Ahora vemos por espejo, oscuramente; mas entonces veremos cara a cara. Ahora conozco en parte; pero entonces conoceré como fui conocido (1 Corintios 13:12).

Pablo está describiendo un encuentro cara a cara con Jesús. Eso es lo que él quiere decir con *"lo perfecto"*; conociendo a Jesús completamente en Su gloria. ¿Estamos experimentando este tipo de encuentro con Jesús? ¿Lo estamos contemplando en Su gloria? Mientras vivimos en la tierra, nuestras experiencias con Jesús son como un reflejo en el espejo. Pero en lo que viene, lo conoceremos como Él nos conoce a nosotros. Esta experiencia de profunda intimidad con Jesús es una señal de que *"lo perfecto"* ha llegado. Mientras que nuestra jornada comienza aquí en la tierra, no estará completa hasta que podamos contemplarlo cara a cara en la eternidad.

Los cuatro tipos de lenguas

Otra pregunta que recibo con frecuencia es: John ¿por qué es que 1 Corintios 12:30 dice: *"¿hablan todos lenguas?"*. ¿No significa esto que todos hablan en lenguas? Sí, eso mismo. Sin embargo, en este pasaje Pablo está haciendo referencia a una clase de lengua específica; no todos los creyentes operan en este tipo de lengua. Para entender esto, necesitamos examinar los cuatro diferentes tipos de lenguas que se discuten en el Nuevo Testamento.

Por el bien de nuestra discusión, me voy a referir a cómo se deben usar estas lenguas, si en público o en privado. Dos de estos tipos son para ministrar en público. Cuando digo "público" quiero decir que involucra a un individuo ministrando en el Espíritu a una persona o a un grupo. Por el contrario, las lenguas en "privado" nos conectan como individuos directamente con Dios, ya sea aumentando nuestra intimidad con Él o activando el que podamos interceder de acuerdo a Su perfecto entendimiento. Vamos a ver cada una de ellas.

Uno: lenguas para demostración pública

> Así que, las lenguas son por señal, no a los creyentes, sino a los incrédulos (…) (1 Corintios 14:22).

Estas lenguas ocurren cuando el Espíritu Santo transciende nuestro intelecto, y nos da la habilidad de hablar otro lenguaje en esta tierra, específicamente un lenguaje que no podemos atribuirlo a nuestra experiencia o educación. Este fue el tipo de lengua que operó a través de los discípulos en el Día de Pentecostés.

> Estaban de visita en Jerusalén judíos piadosos, procedentes de todas las naciones de la tierra. Al oír aquel bullicio, se agolparon y quedaron todos pasmados porque cada uno los escuchaba hablar en su propio idioma. Desconcertados y maravillados, decían: «¿No son galileos todos estos que están hablando? ¿Cómo es que cada uno de nosotros los oye hablar en su lengua materna? Partos, medos y elamitas; habitantes de Mesopotamia, de Judea

y de Capadocia, del Ponto y de Asia, de Frigia y de Panfilia, de
Egipto y de las regiones de Libia cercanas a Cirene; visitantes
llegados de Roma; judíos y prosélitos; cretenses y árabes: ¡todos
por igual los oímos proclamar en nuestra propia lengua las ma-
ravillas de Dios!» (Hechos 2:5-11 NVI).

Estos judíos internacionales escucharon a los creyentes hablar en sus propias lenguas natales. Esta demostración fue una señal de que Dios estaba trabajando entre aquellos que habían creído el evangelio de Jesús, porque no había manera de que con la falta de educación de estos galileos ellos pudieran declarar las maravillas de Dios en tantos lenguajes. Muchos vinieron a conocer a Jesús por la expresión del poder del Espíritu.

Varios años atrás estaba predicando en una iglesia de Colorado Springs. Durante el servicio, una de las mujeres de mi equipo de trabajo estaba sentada en la parte de atrás de la iglesia. Durante todo el tiempo que estuve predicando, ella sintió la urgencia de orar en lenguas en voz baja. Cuando el servicio terminó, se le acercó un caballero que estaba sentado frente a ella y le dijo: "Usted habla un francés perfecto. Hasta habló uno de nuestros dialectos con un acento perfecto. Yo soy un maestro francés, y en todos mis años, nunca me he encontrado con alguien que lo hable tan bien como usted lo hace".

Ella le respondió: "Yo no hablo francés". ¡El hombre se quedó anonadado!

Él dijo: "No solo estaba usted hablando un francés perfecto, pero también estaba citando la Escritura en francés. Luego John le decía a la congregación que fuera a esas mismas escrituras. Usted las citó aún antes de que él las dijera". Esta experiencia fue una señal para este hombre de que Dios estaba confirmando el mensaje que estaba comunicando a través de mí. El propósito primordial de las lenguas como señal es llamar la atención del que no es un creyente todavía.

Dos: lenguas para la interpretación

El segundo tipo de lengua es también para el ministerio en público. A diferencia de las lenguas como señal, estas lenguas son celestiales, las cuales no se hablan en ningún lugar en la tierra. La lenguas para interpretación son el tipo de lenguas a las que Pablo se refería como un don espiritual cuando dijo: *"A otro, diversos géneros de lenguas; y a otro, interpretación de lenguas"* (1 Corintios 12:10). Como estas lenguas no son lenguajes de esta tierra, necesitan ser interpretadas.

Años atrás me estaba preparando para predicar en una iglesia de Singapur, cuando de repente, un hombre en el servicio comenzó a hablar en una lengua desconocida. Inmediatamente yo supe que no era una lengua de la tierra; era una lengua celestial. Todo el mundo en el salón estaba maravillado con esta manifestación del Espíritu. Después que terminó de hablar en esta lengua divina, el hombre comenzó a dar la interpretación. Su interpretación estaba en completo acuerdo con el mensaje que Dios me había dado para la iglesia. Yo pensé, Dios, muchas gracias por esta maravillosa confirmación. Dios usó el don de interpretación de lenguas para confirmar la palabra que Él había puesto en el corazón. Fue una señal para mí y para todos los presentes.

Note que estoy usando la palabra interpretar, no traducir, con este tipo de lengua. Las lenguas celestiales, de las cuales vemos tres de los cuatro tipos en el Nuevo Testamento, no pueden ser traducidas. Ellas trascienden nuestro entendimiento humano.

Cualquier expresión de lenguas que esté bajo lenguas para interpretación debe estar siempre acompañada de una interpretación. Sin esta interpretación la iglesia no puede ser edificada, y esta lengua es dada exclusivamente para la edificación de la iglesia (vea 1 Corintios 14).

Este es el tipo de lengua a la que Pablo se refería cuando preguntó, *"¿hablan todos lenguas?"* (1 Corintios 12:30). Ahora vamos a ver este verso en su contexto:

> *Y a unos puso Dios en la iglesia, primeramente apóstoles, luego profetas, lo tercero maestros, luego los que hacen milagros, después los que sanan, los que ayudan, los que administran, los que tienen don de lenguas. ¿Son todos apóstoles? ¿Son todos profetas? ¿todos maestros? ¿hacen todos milagros? ¿Tienen todos dones de sanidad? ¿hablan todos lenguas? ¿interpretan todos?* (1 Corintios 12:28-30).

Pablo está hablando de los dones públicos, los cuales Dios había ordenado para el ministerio en la iglesia. ¿Son todos apóstoles? No. ¿Son todos profetas? No. ¿Son todos maestros? No. De la misma forma, ¿hablan todos en lenguas o

> **DEBEMOS FLORECER EN EL DON ESPECÍFICO QUE ÉL HA DEPOSITADO EN NUESTRAS VIDAS.**

las interpretan como un ministerio público? No. El punto de Pablo es que debemos florecer en el don específico que Él ha depositado en nuestras vidas. No todo el mundo en la iglesia va a operar en lenguas como un ministerio en público.

La diferencia entre las dos lenguas públicas

Más adelante en su carta a los Corintios, Pablo explica la diferencia entre los dos tipos de lenguas públicas:

> *Así que, las lenguas son por señal, no a los creyentes, sino a los incrédulos; pero la profecía, no a los incrédulos, sino a los creyentes. Si, pues, toda la iglesia se reúne en un solo lugar, y todos hablan en lenguas y entran indoctos o incrédulos, ¿no dirán que estáis locos?* (1 Corintios 14:22-23).

Si usted no entiende que hay diferentes tipos de lenguas, usted puede pensar que Pablo se estaba contradiciendo cuando escribió esto. Primero dice: *"Las lenguas son para los incrédulos"* (v.22). Luego, en el próximo verso, leemos: *"Si, (…) todos hablan en lenguas y entran indoctos o incrédulos, ¿no dirán que estáis locos?"* (v.23). Sin embargo, con un mejor entendimiento de los cuatro diferentes tipos de lenguas, podemos ver que Pablo está escribiendo acerca de dos diferente tipos de lenguas.

El primer tipo de lengua que Pablo menciona (lenguas para una señal) es el tipo de lengua que atrae a los incrédulos y les sirve como señal. El segundo tipo de lengua (lenguas para interpretación) es solo para la edificación de la iglesia; estas lenguas no son señales para el incrédulo. De hecho, Pablo menciona que sin interpretación, el hecho de que los creyentes estén hablando en la segunda clase de lenguas pudiera causarle a los incrédulos pensar que estamos locos.

¿Se puede usted imaginar un servicio dominical donde todo el mundo estuviera predicando, enseñando o profetizando al mismo tiempo? Esto sería rarísimo e inefectivo. De la misma forma, Pablo le estaba enseñando a la Iglesia que no crearan un ambiente de confusión a través del mal uso de las lenguas para la interpretación. En el ambiente equivocado, esta expresión de lenguas es caótica, y no tiene propósito o fin. Previamente en este mismo capítulo, Pablo hace claro que las lenguas no son para traer confusión, sino para traer entendimiento y revelación.

> *Doy gracias a Dios porque hablo en lenguas más que todos vosotros; pero en la iglesia prefiero hablar cinco palabras con mi entendimiento, para enseñar también a otros, que diez mil palabras en lengua desconocida* (1 Corintios 14:18-19).

Es bastante simple. Si se usa una lengua pública, tiene que ser interpretada para el beneficio de los presentes. De otra manera, lo que se está haciendo es comunicando simplemente un lenguaje desconocido.

DÍA 5

Tres: lenguas para el tiempo de oración personal

> *Porque si yo oro en lengua desconocida, mi espíritu ora, pero mi entendimiento queda sin fruto. ¿Qué, pues? Oraré con el espíritu, pero oraré también con el entendimiento; cantaré con el espíritu, pero cantaré también con el entendimiento* (1 Corintios 14:14-15).

Los primeros dos tipos de lenguas discutidos son para la expresión pública, y para comunicar un mensaje de Dios a los hombres. Las lenguas como señal son para alcanzar y ministrar al incrédulo; lenguas para interpretación son para ministrar al creyente. Aquí Pablo introduce el tercer tipo de lenguas: lenguas para el tiempo de oración personal. Ya no está hablando acerca del ministerio en público, sino está enseñando acerca de las lenguas usadas para propósitos privados. Esta forma de lengua es para la edificación personal y para la oración. Pablo establece específicamente que *"oraré también con el entendimiento,"* (v.15), que para mí significaría orar en inglés, o podemos orar con el espíritu, lo que significa orar en un lenguaje desconocido; un lenguaje celestial. También declara que podemos cantar (adorar) en cualquiera de las dos formas.

Anteriormente en 1 Corintios 14 leemos: *"Porque el que habla en lenguas no habla a los hombres, sino a Dios;"* (1 Corintios 14:2). Nosotros conocemos que esta manifestación del Espíritu no se puede estar refiriendo a las lenguas como señal, porque en el Día de Pentecostés, los discípulos les estaban hablando a los hombres, declarando las maravillosas obras de Dios en lenguajes extranjeros. Pablo tampoco podía estar hablando de lenguas para interpretación, porque este don se refiere a un creyente hablando a la iglesia en un lenguaje celestial desconocido (el cual necesita ser interpretado). Aquí Pablo se está dirigiendo específicamente a una persona que *"no está hablando al hombre sino a Dios"* en el espíritu.

Hablar en lenguas en la oración personal es una interacción privada entre Dios y la persona que está orando. El propósito es fortalecer al que está orando. *"Pero vosotros, amados, edificándoos sobre vuestra fe, orando en el Espíritu Santo, conservaos en el amor de Dios,"* (Judas 20-21). Note que Judas menciona que cuando oramos en el Espíritu Santo (lenguas) nos edificamos a nosotros mismos; sin embargo, cuando hablamos en lenguas para interpretación de los creyentes en la iglesia, edificamos la iglesia (vea 1 Corintios 14:5). Dios desea ambas edificaciones, la personal y la colectiva. Cada una es importante.

Muchos creyentes se preguntan: ¿Será posible que esté lleno del Espíritu Santo, y no ore en lenguas? Sí, creo que una persona puede estar llena del Espíritu Santo y no orar en lenguas. Pero también tengo que añadir que cada persona que ha sido llena del Espíritu tiene la habilidad de orar en lenguas. Muchos creyentes no operan en este don porque no se han rendido al mismo por fe. Todo don de Dios es recibido y activado por la fe.

Piénselo de esta manera. Dos hombres se meten a un río. Uno escoge pararse y dejar que la corriente pase por él; el otro escoge relajarse y dejarse llevar por la corriente del río. Ambos, el que está parado en el río y el que se dejó llevar están en el agua, pero solo el último puede seguir hacia donde la corriente lo lleva. El que ora en lenguas se puede comparar al que se deja llevar por la corriente del río; el creyente que todavía no ora en lenguas es como el que estaba en el río, pero no se había dejado llevar por la corriente. Si usted quiere saber cómo dejarse llevar por el Espíritu, lo discutiremos en el próximo capítulo.

La comunión con el Espíritu Santo es una de las muchas bendiciones disponibles para nosotros a través de la muerte y resurrección de Jesús. Pero experimentar completamente la medida de esta comunión no sucede automáticamente con la salvación. Tristemente, muchos creyentes hoy día no están disfrutando ciertos aspectos de su salvación. Es vital que busquemos y añoremos todo lo que Dios tiene para nosotros. Descubrir todo lo que Jesús nos dio al morir es una gran parte de nuestra jornada en Cristo. Como discutimos anteriormente, el Espíritu Santo es el que nos empodera y equipa para nuestra función y asignación en el Reino.

Cuatro: lenguas para la intercesión

> *Y de igual manera el Espíritu nos ayuda en nuestra debilidad; pues qué, hemos de pedir como conviene, no lo sabemos, pero el Espíritu mismo intercede por nosotros con gemidos indecibles. Mas el que escudriña los corazones sabe cuál es la intención del Espíritu, porque conforme a la voluntad de Dios intercede por los santos* (Romanos 8:26-27).

Pablo comienza este pasaje diciendo que *"el Espíritu nos ayuda en nuestra debilidad"* (v.26). ¿A qué debilidades se estaba refiriendo Pablo? La respuesta: *"pues qué, hemos de pedir como conviene, no lo sabemos, pero el Espíritu mismo intercede por nosotros con gemidos indecibles"* (v.26). Simplemente, nuestra debilidad es que tenemos un entendimiento limitado de lo que está pasando en nuestro mundo. Por lo tanto, hay momentos en los que no sabemos cómo orar. Pero cuando dependemos e intercedemos en el Espíritu (el cual sabe todas las cosas), Él ora la perfecta voluntad de Dios a través de nosotros.

Cuando estaba en la universidad, dirigí un estudio bíblico que alcanzó fraternidades y sororidades en las instalaciones de Purdue. Llegaban alrededor de sesenta estudiantes, algunos con ningún trasfondo eclesiástico, y otros de varias denominaciones cristianas. Había una joven que asistía el estudio, la cual había crecido en una denominación que creía que las lenguas ya no existían. Después que me escuchó enseñar una de las noches acerca del Espíritu Santo, se dio cuenta de que ¡las lenguas son para hoy! ¡Está en la Biblia! Esa misma noche recibió la llenura del Espíritu Santo.

El próximo día me despertó una llamada a las 6:30 AM, mucho antes de lo que yo como estudiante de la universidad me hubiera querido despertar. Estaba siendo citado a encontrarme con la joven del estudio bíblico. Me tuve que esforzar para salir de la cama, y caminé hacia donde ella me estaba esperando.

Estaba medio dormido todavía y un poco irritado porque me habían interrumpido el sueño. Ahora, ella por el contrario estaba emocionadísima. Le dije: "¿Qué está pasando?". Ella me respondió: "Dios me despertó a la cinco de la mañana. Sentí la necesidad de orar en lenguas, así que lo hice. Realmente me sentí como que estaba intercediendo. Le pedí a Dios que me mostrara por qué estaba orando tan fervientemente en lenguas. Dios me dijo: "Estás intercediendo por la vida de un anciano". Así que continué orando en lenguas.

"Luego a las seis de la mañana mi compañera de habitación recibió una llamada de emergencia. Le dijeron que su abuelo estaba en el hospital a causa de un ataque al corazón, pero que no se preocupara porque se había salvado". Continuó diciéndome: "El Espíritu Santo me habló y me dijo, `tú estabas orando por él.'"

Este es un ejemplo perfecto de las lenguas para la intercesión. Ella no tenía la más mínima idea de que la vida del abuelo de su compañera de habitación estaba en peligro, pero el Espíritu Santo sí lo sabía. Si ella solamente hubiera podido orar en su entendimiento, le hubiera sido imposible interceder por él.

Mi madre vive en la Florida, así que no tengo conocimiento de lo que está sucediendo en su vida ahora mismo. No sé lo que está pasando con mi hermana que vive en California tampoco. Pero el Espíritu Santo conoce la perfecta voluntad de Dios para ambas, y Él intercederá a través de mí mientras yo me rindo para asociarme con Él en oración. El Espíritu discierne y conoce todas las cosas. El conocer que le estamos permitiendo al Espíritu Santo que ore a través de nosotros trae una paz increíble.

Clarificación acerca de las lenguas privadas

Es importante notar una excepción acerca de los dos tipos de lenguas a las cuales nos hemos referido como "privadas". Hay ocasiones donde los creyentes que son o han sido llenos del Espíritu Santo oran juntos en lenguas. En este caso, no es inapropiado el que oren todos juntos en lenguas. Hay otras ocasiones donde los creyentes se deben abstener de orar públicamente en su lenguaje de oración. Pablo hizo esta declaración.

> *Si, pues, toda la iglesia se reúne en un solo lugar, y todos hablan en lenguas, y entran indoctos o incrédulos, ¿no dirán que estáis locos?* (1 Corintios 14:23).

Dos grupos son identificados en este pasaje. Primero, Pablo menciona a los incrédulos. Esto se refiere a los que no han recibido a Jesucristo como su Señor; los que están fuera de la fe. El segundo grupo es el de los indoctos. Estas personas son creyentes, o sea, creen en Jesús, pero no han sido educados acerca del lenguaje del Espíritu. Una persona que pertenezca a cualquiera de los dos se sentiría incómoda en una atmósfera donde otros oren en lenguas. Fácilmente pudiera pensar que los que están hablando en lenguas están fuera de su juicio cabal.

Tristemente, en una o dos ocasiones he sido testigo donde muchas personas a la misma vez han estado orando en voz alta en lenguas durante un servicio dominical, y eran animados por el liderazgo. De hecho, en el pasado, hasta yo lo hice también por falta de entendimiento. En estos servicios, como en un típico servicio dominical, había visitantes presentes, muchos que pudieran ser categorizados como incrédulos o indoctos. Ellos probablemente pensaron entre sí, ¿estarán estas personas fuera de su juicio cabal? He observado que estas iglesias batallan con el crecimiento y el poder alcanzar a sus comunidades. ¿Podrá ser que no están siguiendo la sabiduría dada en el versículo anterior? Creo que si continúan esta práctica, los indoctos e incrédulos no regresarán.

Por el contrario, hay veces donde la iglesia hace un llamado a la oración (digamos un sábado por la mañana o un lunes en la tarde). En estas reuniones hay de todos, creyentes e instruidos. Es completamente correcto para todos el orar juntos en lenguas al Señor, intercediendo como grupo o ministrándose unos a otros.

Pablo lo puso claramente. No está diciendo que nunca hay un lugar o momento apropiado para que un grupo de creyentes se reúnan juntos y hablen en lo que podemos llamar "lenguas privadas". Lo que él está haciendo es la distinción de que en "público", cuando los incrédulos o los indoctos están presentes, nuestra expresión en lenguas debe ser apropiada de acuerdo a nuestro medio ambiente.

El deseo de Dios para usted

Así que, hermanos, procurad profetizar, y no impidáis el hablar en lenguas; pero hágase todo decentemente y con orden (1 Corintios 14:39-40).

Pablo sabía que la Iglesia haría mal uso del maravilloso don de lenguas. Así que él nos enfatiza: Usen el tipo correcto de lengua en el lugar apropiado, y no prohíban el hablar en lenguas porque ciertos creyentes han hecho mal uso de este don extraordinario del Espíritu. Desafortunadamente, la Iglesia ignora muchas cosas acerca del Espíritu. Esto es trágico, porque el Espíritu Santo es el que ha sido enviado para empoderar la Iglesia. Dios ha escogido a Su Iglesia para ser el vehículo que Él usará para avanzar Su Reino. Si no despertamos al poder que viene con nuestra posición en Cristo, no seremos diferentes a un rey que se rehúsa a ejercer el poder de su trono.

¿Cuántos creyentes se están perdiendo disfrutar de estos dones maravillosos del Espíritu porque creen que las lenguas han pasado? El corazón de Dios es claro: *"quisiera que todos vosotros hablaseis en lenguas"* (1 Corintios 14:5). Algunos argumentarán que eso fue Pablo escribiendo, no fue Dios. Toda la Escritura es inspirada por Dios, y este verso no es la excepción (vea 2 Timoteo 3:16).

Nunca olvide que el don de lenguas es un aspecto vital de la llenura del Espíritu Santo, y también una parte preciosa de nuestra relación íntima con Él. Así que mi deseo para usted es el mismo de Pablo: oro que usted abrace este don extraordinario, y crezca en el poder y la presencia del Espíritu cada día.

¡El Espíritu produce acción!

*Dios confirmó el mensaje mediante señales, maravillas,
diversos milagros y dones del Espíritu Santo según su voluntad.*

—Hebreos 2:4 NTV

El Espíritu Santo es el Agente de acción que se manifiesta de muchas maneras asombrosas. En la Escritura, Él es representado simbólicamente como *paloma, fuego, viento* y *vino*. Entender estas manifestaciones nos ayuda a entender su carácter y cómo desea Él obrar en nuestra vida y a través de ella.

El Espíritu es como una *paloma*. En los cuatro Evangelios, el Espíritu se describe descendiendo sobre Jesús como una paloma. Las palomas son tiernas y amorosas en naturaleza; son muy tímidas y fácilmente se espantan. Solamente estarán tranquilas cuando se sientan seguras y en paz. Cuando escogen una pareja, es para toda la vida. ¿Cómo le ayudan estos hechos a entender mejor al Espíritu Santo y relacionarse con Él?

Lea Mateo 3:16-17; Marcos 1:9-11; Lucas 3:21-22; Juan 1:32-33

_____

_____

_____

El Espíritu es como *fuego*. Él se manifestó en una zarza ardiente a Moisés y en una columna de fuego a Israel.[1] El día de Pentecostés, el Espíritu bautizó a personas en *"lenguas repartidas, como de fuego"* (Hechos 2:3). Él es el fuego que Jesús trajo a la tierra, y debemos tener cuidado de no apagarlo. Pensemos en las características del fuego: purifica, da luz, produce calor y consume cosas. ¿Cómo le ayuda eso a entender el fuego del Espíritu de Dios en su vida? ¿Qué alimenta el fuego y ayuda a avivar la llama?

Lea Hechos 2:3-4; Lucas 12:49; 1 Tesalonicenses 5:19-21; Mateo 3:11-12; Lucas 3:16-17; Jeremías 20:9, 23:29; Hebreos 12:29

_____

_____

_____

El Espíritu es como _viento_. Él se manifestó el día de Pentecostés no solo como fuego, sino también como viento. Los vientos pueden variar desde una suave brisa hasta la fuerza de un huracán. Pensemos en lo que hace el viento. ¿Cómo podría el viento del Espíritu provocar acción en las estaciones de su vida? ¿Qué podría causar Él?

Lea Juan 3:5-8.

_____

_____

_____

El Espíritu es como _vino_. En Pentecostés, los discípulos hablaron en lenguas declarando las maravillas de Dios. La manifestación fue tan notable que algunos dijeron que habían bebido demasiado vino, ¡pero Pedro dijo que era el Espíritu! Haga una pausa y piense. ¿Cómo afecta generalmente beber vino a las emociones de una persona? ¿Cómo podría afectarle a usted beber el vino nuevo del Espíritu?

Lea Hechos 2:13-18; Lucas 5:37-38 (también en Marcos 2:22; Mateo 9:17); Efesios 5:18-19; Ester 1:10; Jeremías 31:11-13

_____

_____

_____

"El cielo no puede contener al Espíritu Santo; sin embargo, Él encuentra un hogar en los corazones de sus siervos. Nosotros somos su templo. Cada una de sus influencias evocará en nosotros una alabanza agradecida. Si Él es como el viento, nosotros seremos como carrillones; si Él es como el rocío, nosotros brotaremos con flores; si Él es una llama, nosotros brillaremos con ardor. De cualquier modo en que Él se mueva en nuestro interior, nosotros responderemos a su voz".

–Charles H. Spurgeon[2]

DEVO DÍA 2

Su presencia produce evidencia

Dios da a cada uno alguna prueba de la presencia del Espíritu, para provecho de todos.

−1 Corintios 12:7 DHH

Cuando el Espíritu de Dios está presente, ¡hay evidencia! Ríos y mares dan lugar a terreno seco. Ojos ciegos y oídos sordos son abiertos. Los paralíticos andan y los mudos hablan. ¡El temor es derrotado y renace la esperanza! Señales y maravillas de todo tipo marcan los paisajes de nuestra vida a medida que somos tejidos en relación con el Espíritu de Dios.

Una y otra vez, los relatos en el libro de Hechos confirman que cuando el Espíritu Santo estaba presente, la gente *veía* y *oía* la evidencia. Mire su propia vida. ¿Qué evidencia de la presencia del Espíritu puede recordar? ¡Escriba una o dos frases describiendo situaciones en las cuales el Espíritu intervino y cambió radicalmente su vida.

Recuerdo cuando… _____

_____

_____

Recuerdo cuando… _____

_____

_____

Recuerdo cuando… _____

_____

_____

No se apresure. Medite en la bondad de Dios. ¡Permita que el Espíritu le revigorice con vida nueva mientras usted recuerda su fidelidad!

Una vez más recordaré lo que Dios ha hecho, pondré sobre la mesa las maravillas de antaño; meditaré en todas las cosas que tú has logrado, y miraré por mucho tiempo y con amor tus actos.

¡Oh Dios! ¡Santo es tu camino! ¡No hay dios que sea grande como Dios! Tú eres el Dios que hace suceder cosas; tú mostraste a todos lo que puedes hacer.

–Salmos 77:11-14 MSG (traducción directa)

El Espíritu Santo le ha ayudado antes, ¡y desea volver a hacerlo! ¿Cómo necesita que Él le ayude ahora? Esté quieto delante de Él, ¡e invítelo a hacerlo otra vez! Pídale que muestre evidencia de que Él es real y se interesa realmente por usted y por quienes le rodean. Esté quieto. ¿Qué le está hablando Él?

_____

_____

_____

Haga una pausa y ofrezca alabanza al Señor. **Escriba una oración** de alabanza y gratitud a Él. ¡Él es digno!

_____

_____

_____

DEVO DÍA 3

Ser lleno es una experiencia continuada

No se emborrachen con vino, porque eso les arruinará la vida. En cambio, sean llenos del Espíritu Santo.

–Efesios 5:18 NTV

El mandato de Dios por medio de Pablo de ser *llenos del Espíritu Santo* es vital. La palabra griega para lleno es *pleroo*, y significa "llenar y dispersar por el alma de la persona".[3] Incluso más importante es el tiempo de este verbo: pasiva, **imperativo**, presente. La voz **pasiva** indica que *ha de actuarse sobre* "usted" (el sujeto); el imperativo lo constituye en *mandamiento*, no es una sugerencia; y el aspecto de tiempo **presente** implica *acción continua*.

Efesios 5:18 en la Biblia Amplificada (AMP) en inglés se centra en esta verdad: *"Y no se emborrachen con vino, pues eso es desenfreno; sino sean siempre llenos y estimulados con el Espíritu [Santo]"* (traducción directa). La experiencia continuada de ser llenos del Espíritu nos llena de todo lo que necesitamos para vivir como Jesús y hacer la voluntad de Dios en la tierra como en el cielo. El evangelista Smith Wigglesworth dijo:

> "Nunca podré calcular lo que el bautismo en el Espíritu Santo ha sido para mí… Es un lujo ser lleno con el Espíritu, y al mismo tiempo es un mandato divino para nosotros… Mantengo que con una *llenura constante* hablará en lenguas mañana, tarde y noche. Cuando vive en el Espíritu, cuando baja las escaleras de la casa donde vive, el diablo tendrá que irse. Será usted más que vencedor sobre el diablo.
>
> "… A medida que vive en el espíritu, se mueve, actúa, come, bebe y lo hace todo para la gloria de Dios. Nuestro mensaje

es siempre este: 'Sea lleno del Espíritu'. Ese es el lugar de Dios para usted, y está tan por encima de la vida natural como los cielos están sobre la tierra. Ríndase para que Dios lo llene".[4]

Pedro, Juan y los otros discípulos fueron todos ellos bautizados en el Espíritu en Pentecostés, y fueron llenos de nuevo con el Espíritu durante la oración poco tiempo después. Lea atentamente este relato en Hechos 4:23-31. ¿Qué puede aprender de este relato para ayudarle a posicionarse para ser *siempre lleno* con el Espíritu?

_____

_____

_____

Por medio de Pablo, Dios dice *"no descuides el don"* del Espíritu Santo, sino *"aviva ese fuego interior que Dios te dio"* (1 Timoteo 4:14; 2 Timoteo 1:6 Phillips). En otras palabras, sea *continuamente* lleno con el Espíritu Santo. Lea con atención Efesios 5:18-19, 6:8 y Judas 20. ¿Qué le está mostrando el Espíritu sobre mantener avivado su fuego en usted?

_____

_____

_____

Así que esto quiero que hagan, con la ayuda de Dios: tomen su vida cotidiana, el dormir, comer, ir al trabajo e ir de un lugar a otro, y pónganla delante de Dios como una ofrenda. Aceptar lo que Dios hace por ustedes es lo mejor que pueden hacer por él. No lleguen a estar tan bien ajustados a su cultura que encajen en ella sin ni siquiera pensarlo. En cambio, fijen su atención en Dios. Serán cambiados desde dentro hacia fuera.

–Romanos 12:1-2 MSG (traducción directa)

DEVO DÍA 4

Él les ha dado dones con un propósito

A cada persona se le da algo que hacer que muestra quién es Dios: Todos forman parte, todos se benefician.

—1 Corintios 12:7 MSG (traducción directa)

El Espíritu Santo nos ha dado dones concretos para continuar la obra que Jesús comenzó. Aunque los dones son diversos, "es el mismo y único Espíritu quien distribuye todos esos dones. Solamente él decide qué don cada uno debe tener" (1 Corintios 12:11 NTV).

¿Son estos dones para la actualidad? ¿Deberíamos estar haciendo las obras que Jesús hizo? Sin ninguna duda. El evangelista Reinhard Bonnke, quien ha visto a millones de personas acudir a Cristo en todo el continente africano, declara:

> "Creo firmemente que Dios es quien obra milagros para su pueblo. Creo que las señales que seguían a Jesús cuando caminaba por la tierra podrían, y deberían, ser evidentes en nuestras vidas hoy. Jesús dijo a sus discípulos: *el que cree en mí, las obras que yo hago él las hará también; y mayores obras hará, porque yo voy a mi Padre*".[5]

Lea atentamente **Romanos 12:3-8** y enumere los dones mencionados. En general, ¿cómo los describiría (su propósito y función)?

_____

_____

_____

Ahora lea **1 Corintios 12:4-11** e identifique los nueve dones. En general, ¿cómo los describiría (su propósito y función)?

_____

_____

_____

Repase los dones en ambos pasajes. ¿Están operando en usted algunos de estos dones? Si así es, ¿cuál(es)?

_____

_____

_____

¿No está seguro? ¿Cuáles de estos dones le atraen o le emocionan? Pida al Espíritu Santo que le muestre qué dones le ha dado.

Su actitud hacia otros y hacia cómo le ha dotado el Espíritu es importante. Dios dice: *"Que Cristo mismo sea su ejemplo en cuanto a cuál debería ser su actitud"* (Filipenses 2:5 Phillips). Reinhard confirma esto, añadiendo:

> "El éxito de la obra de Dios no depende de ninguno de nosotros… Se logra mediante la dependencia de Él… Yo soy un cero que Dios puede usar solamente porque valoro su voz por encima de otras voces… Nunca debería verme a mí mismo por encima de otro siervo de Dios".[6]

Lea atentamente 1 Corintios 12:12-26 y Romanos 12:3-5. ¿Qué le está mostrando el Espíritu sobre su actitud? ¿Cuán importante es el don de cada persona, incluido el suyo? ¿Qué le sucederá al cuerpo de Cristo si usted es negligente en el uso de su don?

_____

_____

_____

Para más estudio:

Tener la actitud correcta: Filipenses 2:1-8; 2 Corintios 8:9; Mateo 23:11-12

El Espíritu también da oficios a los creyentes con un propósito:

1 Corintios 12:28-31; Efesios 4:11-14

DEVO DÍA 5

Deje que Él ore la voluntad de Dios por medio de usted

*El Espíritu de Dios está a nuestro lado ayudándonos.
Si no sabemos cómo o qué orar, no importa. Él ora
en nosotros y por nosotros, haciendo oración con
nuestros suspiros silenciosos y nuestros gemidos.*

—Romanos 8:26 MSG (traducción directa)

¿Ha estado alguna vez tan abrumado y quebrantado por las circunstancias de la vida que no sabía cómo orar? No está usted solo. Incontables santos han experimentado lo mismo. En esos momentos, Dios quiere que *corra hacia Él*, y no que se aleje de Él. En lugar de cerrarse, Él quiere que usted se abra. Cuando no sepa qué decir o cómo orar, el Espíritu de Cristo que vive en usted lo sabe.

Es vital que sepa en su corazón, no solo en su cabeza, que el Espíritu de Dios vive en usted. Tome tiempo para meditar en los siguientes versículos. ¿Qué perspectivas le está revelando el Espíritu Santo?

_____

_____

_____

Medite en Gálatas 4:6: Romanos 8:16; 1 Corintios 6:19; Juan 14:23; 1 Juan 3:24, 4:12-13. Pida al Espíritu que se haga real para usted.

_____

_____

_____

Dios quiere que oremos *"en el Espíritu en todo momento y en toda ocasión"* (Efesios 6:18 NTV). Watchman Nee, un querido ministro que soportó dificultades físicas y años de cárcel, dijo:

> "Gracias a Dios, tenemos al poderoso Espíritu Santo para ayudarnos. Debemos confiar en el Espíritu Santo que vive en nosotros, quien obra en nuestro interior con poder, porque Él es nuestra ayuda en tiempos de debilidad e ignorancia. Aunque no sabemos cómo orar, aun así el Espíritu Santo que conoce la voluntad de Dios, nos enseñará a orar según la mente de Dios".[7]

Haga una pausa y piense. ¿Cuán a menudo sabe realmente cómo orar por usted mismo, por otros, y por las situaciones que afronta? ¿Cuál debería ser nuestra actitud y acercamiento a Dios en cada oración que hacemos?

_____

_____

_____

Lea Proverbios 3:5-8, 28:26; Lucas 18:9-14; Santiago 4:6-10.

¿Quiere caminar en la perfecta voluntad de Dios? El Espíritu ayudará a producirla al orar por medio de usted con clamor, suspiros, gemidos y lenguas celestiales. "Y el Padre, quien conoce cada corazón, sabe lo que el Espíritu dice, porque el Espíritu intercede por nosotros, los creyentes, en armonía con la voluntad de Dios" (Romanos 8:27 NTV). Lea atentamente este pasaje. ¿Qué le está diciendo el Espíritu por medio de estas palabras?

> *Pues, si alguien tiene la capacidad de hablar en lenguas, le hablará solamente a Dios... Hablará por el poder del Espíritu, pero todo será un misterio. La persona que habla en lenguas se fortalece a sí misma... Pues, si oro en lenguas, mi espíritu ora, pero yo no entiendo lo que digo. ¿Qué debo hacer entonces? Oraré en*

el espíritu y también oraré con palabras que entiendo. Canta-
ré en el espíritu y también cantaré con palabras que entiendo.
(1 Corintios 14:2, 4, 14-15 NTV).

"Cuando se rinda al Espíritu, Él presentará a usted y su necesidad ante el trono del Padre. El Espíritu Santo conoce la
mente perfecta de Dios y su perfecta voluntad. Aquel que
examina su corazón y le conoce mejor que usted mismo, llevará esa necesidad ante el trono de Dios, y usted no puede
fallar cuando el Espíritu Santo ora por medio de usted".

–Kathryn Kuhlman[8]

Preguntas de discusión

Si está usando este libro como parte de la
serie *Messenger* sobre el Espíritu Santo, por
favor remítase a la sesión 4 del video.

1. Es importante entender que existe una diferencia entre cuando el Espíritu Santo viene para hacer su hogar en nosotros en el momento de la salvación y la llenura del Espíritu Santo. ¿Cómo describiría estas dos extraordinarias experiencias?

_____

_____

_____

2. ¿Por qué cree que Jesús *ordenó* a sus discípulos que esperaran la llenura del Espíritu Santo antes de avanzar y hacer algo para su reino (véase Hechos 1:4-5)? ¿Qué podemos aprender de este principio de "esperar para recibir poder de lo alto", y cómo podemos aplicarlo en nuestra vida hoy?

_____

_____

_____

3. La llenura del Espíritu Santo nos capacita para hablar en *otras lenguas*. Una lengua es simplemente un lenguaje no reconocible para nuestro entendimiento. Imagine que usted fuera uno de los judíos fieles que visitaban Jerusalén desde una nación extranjera el día de Pentecostés. ¿Cómo cree que habría reaccionado al oír a los creyentes hablar en su lengua materna sobre la salvación por medio de Jesucristo?

_____

_____

_____

4. Cuando el Espíritu Santo llena a los creyentes, ¿qué dos dinámicas son regulares prácticamente en cada caso? ¿Por qué razón es más probable que Dios llevara salvación y la llenura del Espíritu Santo a Cornelio y su familia *simultáneamente*? Comparta una historia de cómo Dios rompió

un "molde religioso" en que usted lo puso y extendió su entendimiento de quién es Él.

_____

_____

_____

5. Si las manifestaciones de profecía y hablar en lenguas son para los creyentes en la actualidad, ¿a qué se refería Pablo cuando dijo que *no todos hablan en lenguas* (véase 1 Corintios 12:27-30) y que las lenguas *cesarán* (véase 1 Corintios 13:8-12)? Lea estos versículos con atención y explíquelos.

_____

_____

_____

6. La Biblia habla de *cuatro* tipos de lenguas. Lea los siguientes pasajes y enumere las cuatro categorías de lenguas, explicando por qué Dios ha dado estas manifestaciones diferentes del Espíritu Santo a su iglesia.

1 Corintios 14:22

1 Corintios 12:10

1 Corintios 14:14-15

Romanos 8:26-28

¿Por qué es importante entender las diferencias entre estos tipos de lenguas?

_____

_____

_____

7. ¿Puede un creyente ser lleno del Espíritu Santo y no hablar en lenguas? ¿Por qué o por qué no? ¿Cuáles son algunas razones comunes por las que sucede eso?

_____

_____

_____

Notas

_____
_____
_____
_____
_____
_____
_____
_____
_____
_____
_____
_____
_____
_____
_____
_____
_____
_____
_____
_____
_____
_____
_____
_____
_____
_____
_____

RESUMEN DEL CAPÍTULO:

* La capacitación del Espíritu es esencial para todo el trabajo del reino.

* La llenura del Espíritu Santo es una experiencia separada que sigue a la salvación.

* La salvación nos *reposiciona en Cristo*; la llenura del Espíritu *nos capacita* para vivir como Él.

* Las lenguas *no* han cesado; están en operación hasta que veamos a Jesús cara a cara.

* Hay cuatro tipos de lenguas: lenguas como señal para los incrédulos, lenguas para interpretación, lenguas para la oración personal, y lenguas para intercesión. Las dos primeras son para uso público, y las dos segundas son para uso privado.

— 5 —

EL LENGUAJE DEL ESPÍRITU

DÍA 1

Me encanta como *The Message* (versión de la Biblia en inglés) presenta este encuentro personal con Dios. La expresión del lenguaje de lenguas es una interacción poderosa que ocurre *"solo entre tú y* [Dios]*"* (vea 1 Corintios 14: 1-3).

En el capítulo anterior, observamos cuatro diferentes clases de lenguas identificadas en el Nuevo Testamento: lenguas como una señal para los no creyentes o incrédulos, lenguas para la interpretación en la iglesia, lenguas para la oración personal, y lenguas para la intercesión. Los primeros dos tipos de lenguas son para el uso en el ministerio público (entre dos o más personas), mientras que las últimas dos son para nuestro tiempo de interacción privada con el Espíritu de Dios, el cual puede incluir ambos el hablar en lenguas y hablar del entendimiento (un lenguaje de la tierra). Juntas, estas expresiones comprenden lo que es el lenguaje del Espíritu.

Nuevamente, para clarificar: al referirnos a estas expresiones como "privadas", no quiero decir que son para usarlas solamente cuando una persona está sola. Por el contrario, las expresiones privadas en un lenguaje celestial son usadas con sensibilidad en presencia de aquellos que la Biblia llama "indoctos" o "incrédulos". Estas expresiones pueden ocurrir cuando una persona está sola o en compañía de otros creyentes que entienden esta manifestación del Espíritu. Es similar a la manera en que yo tendría cierta conversación privada con mi familia, la cual no tendría frente a un grupo de conocidos que no pudieran entender de lo que estoy hablando (Vea 1 Corintios 14:22-25).

Note que Pablo se refiere al uso de las lenguas en 1 Corintios 14:2 como lenguaje "privado" (traducción directa versión *The Message*). Tristemente, muchas iglesias han malentendido o simplemente eliminado el don maravilloso de las lenguas privadas porque no se dan cuenta de que la intimidad requiere un tiempo y un lugar apropiados.

Hay un tiempo y un lugar para que una pareja disfrute la intimidad. ¿Es este tiempo antes del matrimonio? No. ¿Es en un lugar público? Ciertamente no lo es. Lo que es bello y ordenado por Dios en un lugar puede ser de mal gusto e inapropiado en otro. Dios creó la intimidad sexual para que ocurriera en privado, solamente hasta después que se hayan intercambiado los votos matrimoniales. De la misma forma, ciertos tipos de lenguas deben ser expresadas solo en privado porque su propósito es para la intimidad. La expresión correcta de intimidad espiritual, como la intimidad física, conllevan en sí un lugar y tiempo específico. ¿Deberían los cristianos abstenerse del regalo del sexo porque la humanidad ha pervertido el propósito y diseño de Dios para el mismo? ¡Claro que no! En una forma similar, no podemos descontinuar o menospreciar el don de lenguas.

Soy consciente de que muchas iglesias han visto el don de lenguas mal usado, y hasta abusado. Sin embargo, no debemos negarnos a educar al Cuerpo de Cristo acerca de este don, simplemente porque algunos han hecho mal uso del mismo. Por eso es que en este capítulo, quiero explorar la naturaleza íntima de nuestro lenguaje celestial, y ayudarle a desarrollar un mejor entendimiento de su propósito y significado en nuestras vidas.

Recuerde, el Espíritu Santo es el Espíritu de verdad. Mientras usted se rinde a la sabiduría de la Palabra de Dios, el Espíritu le revelará toda la verdad. Pause por un momento, e invítelo a este tiempo de aprendizaje. Pídale que remueva de su mente toda idea preconcebida o toda creencia que sea contraria a Su Palabra. Usted nunca podrá experimentar la plenitud de Dios si permite que su entendimiento finito defina y limite Su infinita grandeza.

El Presidente y el Rey

Como ciudadano de los Estados Unidos de América, me honraría recibir una invitación a cenar con el Presidente. Nuestro Presidente es una de las personas con más conocimiento y más poder sobre la faz de la tierra. Considerando las numerosas agencias que están a su disposición, hay muy poca información que no pueda obtener. El conocimiento del Presidente acerca de los asuntos de nuestro país exceden a los míos: él es el Comandante en Jefe, mientras que yo soy un ciudadano que no tiene ningún puesto gubernamental. Por lo tanto, cuando discutimos los asuntos de nuestra nación, el Presidente tendría que hablarme a un nivel que yo pueda entender. Si no lo hace, no me podría relacionar con él, porque para que exista una comunicación exitosa se requiere afinidad.

De la misma forma, cuando yo me comunico con el Rey del universo, no hay manera en la que yo me pueda comunicar con Él a Su nivel. El Presidente de los Estados Unidos podrá saber mucho acerca de los asuntos de nuestro país, pero Dios lo sabe todo. Nada le es oculto. Cuando oro bajo mi propio entendimiento, estoy limitado a lo que veo y a lo que sé. Dios no estaba satisfecho con este nivel de intimidad con Sus hijos. Por lo tanto, Él ha hecho posible que nos podamos comunicar con Él a Su nivel. Lo ha hecho a través del don de Su Espíritu. Es como si Dios dijera: No quiero simplemente comunicarme con mis hijos en un nivel por debajo de mi conocimiento, entendimiento y sabiduría. Yo quiero que tengan la habilidad de entrar en un compañerismo profundo conmigo. Así que le voy a dar a mis hijos un Ayudador: mi Espíritu". La presencia y comunión del Espíritu Santo hace posible que podamos experimentar una profunda intimidad con el Creador.

> **CUANDO ORAMOS EN EL ESPÍRITU, ORAMOS DE ACUERDO A LA PERFECTA VOLUNTAD DE DIOS.**

La voluntad y caminos de Dios sobrepasan en gran manera nuestro entendimiento, pero cuando oramos en el Espíritu, no oramos de acuerdo a nuestro entendimiento. En lugar de eso, oramos de acuerdo a la voluntad de Su Espíritu. ¿Pudo entender eso? ¡Cuando oramos en el Espíritu, oramos de acuerdo a la perfecta voluntad de Dios!

Un lenguaje de guerra

> *Porque nuestra lucha no es contra sangre y carne, sino contra principados, contra potestades, contra los poderes (gobernantes) de este mundo de tinieblas, contra las fuerzas espirituales de maldad en las regiones celestes* (Efesios 6:12 NBLH).

Algunas veces se nos hace fácil olvidar que Satanás ha declarado una guerra sin cuartel contra la humanidad. Su estrategia siempre ha sido separarnos de nuestro Creador, la misma fuente de nuestra vida. Pero Dios es consciente de los trucos del enemigo. En su infinita sabiduría, Dios desarrolló una estrategia secreta para frustrar los planes de Satanás. Pablo lo describe en 1 Corintios 2:7-8:

> *sino que hablamos sabiduría de Dios en misterio, la sabiduría oculta que, desde antes de los siglos, Dios predestinó para nuestra gloria. Esta sabiduría que ninguno de los gobernantes de este siglo ha entendido, porque si la hubieran entendido no habrían crucificado al Señor de gloria;* (NBLH).

Pablo está describiendo el poder de la cruz, un misterio que "estaba previamente escondido", pero fue revelado después que Jesús murió y fue resucitado. El sacrificio de Jesús en la cruz nos dio el acceso a una relación cercana con Dios. De esta manera también está frustrando los planes anticipados de nuestro enemigo.

Los planes de Dios para la cruz no es el único misterio que estaba escondido de los gobernantes de esta era. Hay muchos aspectos de la sabiduría de Dios (Su Palabra) que han estado escondidos, y pueden ser descubiertos y discernidos solamente por Su Espíritu. Como creyentes, se nos ha dado acceso a estos misterios a través de la comunión con el Espíritu. Como mencioné anteriormente en este libro, Dios no estaba satisfecho con el mero hecho de "salvarnos". Él también nos otorgó posición en Cristo, y nos ha confiado autoridad y poder sobre el mismo enemigo que ha estado atormentando por tanto tiempo nuestras almas. Ahora somos herederos y guerreros en el Reino de Dios, y nuestro propósito es avanzar la causa de Cristo. En Su sabiduría, Dios ha creado una vía para comunicar secretamente Sus planes perfectos a aquellos de nosotros que peleamos por Su causa.

Para poder comunicar furtivamente los planes y la información en tiempos de guerra, la milicia desarrollaba "lenguajes" enteros. Con frecuencia desarrollaban códigos complejos, y se comunicaban por frecuencias protegidas. ¿Por qué hacían esto? La clandestinidad es imperativa para la seguridad de las vidas y el éxito de las operaciones. Si el enemigo descubre sus planes, él puede planificar un contraataque. Como hijos de Dios, se nos ha dado acceso a la frecuencia secreta del cielo a través del Espíritu, permitiéndonos descubrir los misterios de las estrategias de Dios sin exponer al enemigo los planes de nuestro Comandante. Pablo continúa:

> *No se olviden de orar. Y siempre que oren a Dios, dejen que los dirija el Espíritu Santo. Manténganse en estado de alerta, y no se den por vencidos. En sus oraciones, pidan siempre por todos los que forman parte del pueblo de Dios* (Efesios 6:18 TLA).

Hay una razón por la cual Dios nos ha dado la orden de orar. Como guerreros en la tierra, nosotros somos los que combatimos las fuerzas de las tinieblas. Una de nuestras armas más formidables es la oración en el Espíritu. Esto mantiene al enemigo desinformado acerca de los planes y propósitos detrás de las estrategias de Dios.

En algunos casos Dios mueve el corazón de una madre para que comience a interceder por su hijo. Ella tal vez no tenga idea de lo que está sucediendo en la vida de él. Lo que sí sabe es la urgencia que siente del Espíritu para que comience a orar. Mientras intercede en su lenguaje celestial, ella literalmente está dando órdenes en la atmósfera espiritual, y orando la perfecta voluntad de Dios sobre su hijo. Por esta razón se nos dice: "*Y con dirección sabia se hace la guerra*" (Proverbios 20:18).

Nuestro lenguaje celestial transciende nuestro entendimiento, y no está limitado por el espacio o el tiempo. Cuando oramos en el Espíritu, se nos olvida la dependencia que tenemos en nuestro entendimiento, y nos apoyamos en lo vasto de Su infinita sabiduría. Esta es una de las muchas razones por las que Pablo dijo: "*quisiera que todos vosotros hablaseis en lenguas,"* (1 Corintios 14:5). El enemigo no puede descifrar nuestro lenguaje celestial, ya que es un intercambio íntimo entre Dios y Sus hijos. Por lo tanto, es muy efectivo para frustrar los planes del enemigo en contra de nosotros y nuestros compañeros creyentes.

> *Miren, les he dado autoridad (...) sobre todo el poder del enemigo, (…)* (Lucas 10:19 NBLH).

Nosotros los creyentes hemos sido equipados para avanzar el Reino de Dios enérgicamente (vea Mateo 11:12). La Iglesia es el Cuerpo de Cristo en esta tierra. Como hemos establecido con anterioridad, Jesús ya no reside físicamente aquí. Nosotros somos los embajadores y guerreros del Reino de Dios. Somos los que cargamos y administramos Su poder transformador a aquellos en necesidad de restauración, libertad y redención. Pero nunca podremos ser el Cuerpo de Cristo para este mundo perdido y moribundo sin la llenura de Su Espíritu. Satanás y sus secuaces no sienten ningún miedo de nosotros, pero se aterrorizan por quienes somos en Cristo y del poder que se nos ha cedido como hijos e hijas del Altísimo.

DÍA 2

Un lenguaje para la intimidad

Mi esposa y yo hemos estado juntos por bastante tiempo, al grado que hemos desarrollado nuestro propio pequeño lenguaje. Yo puedo decir simplemente "ACAI," y mi esposa sabe lo que quiero decir. Mire usted, cuando estábamos recién casados, parecía que todo ministerio nuevo tenía "Alcance Internacional" en su nombre. Así que Lisa y yo decidimos empezar Abrazo Conejito Alcance Internacional (ACAI). Nos mirábamos y decíamos "ACAI," y ambos sabíamos que era tiempo para un abrazo o un besito. Cualquier otra persona que nos escuchara probablemente se estaría preguntando, ¿de qué están hablando estos dos? Sí, parecía un lenguaje tonto, pero era un lenguaje íntimo que solo Lisa y yo conocíamos. Esto es solo uno de los muchos ejemplos de métodos para la comunicación íntima, que hemos desarrollado entre nosotros.

De la misma forma, orar en nuestro lenguaje celestial nos permite comunicarnos íntimamente con Dios. Alguien podrá decir: Pero John, yo no entiendo lo que estoy orando. ¿No dice la Biblia, *"Porque si yo oro en lengua desconocida, mi espíritu ora, pero mi entendimiento queda sin fruto"* (1 Corintios 14:14). Sí, eso es cierto. Pero por lo mismo es que el versículo anterior dice: *"Por lo cual, el que habla en lengua extraña, pida en oración poder interpretarla"* (1 Corintios 14:13). Cuando yo oro o tengo comunión con Dios en lenguas, le pido que me dé la interpretación de mis oraciones. ¿Sabe qué sucede? Ideas, sabiduría y revelación comienzan a despertarse en mi espíritu como burbujas. La mejor manera que conozco para describir esto es como el aire atrapado en burbujas que vienen de las profundidades del mar. Están siendo liberadas de lo profundo de mi ser a la superficie de mi mente o entendimiento.

Cuando me cruzo con algo en la Escritura y digo, no lo entiendo, también digo: "Espíritu Santo, enséñame". Luego comienzo a orar en lenguas. La revelación tal vez no venga inmediatamente; usualmente viene más tarde cuando estoy manejando, bañándome, relajándome o jugando golf. ¡De repente, me cae el veinte! La revelación de estas respuestas en el resultado de la intimidad con el Espíritu; yo le pedí Su punto de vista. Dios le revela sus misterios a los humildes. Mientras nos humillamos (pida la guía del Espíritu), experimentaremos una profunda intimidad y recibiremos más revelación espiritual.

La misma verdad se aplica al poder espiritual. Pablo escribió palabras directamente habladas a él por el Espíritu de Dios:

> (…) *Bástate mi gracia; porque mi poder se perfecciona en la debilidad. Por tanto, de buena gana me gloriaré más bien en mis debilidades, para que repose sobre mí el poder de Cristo* (2 Corintios 12:9).

La gracia de Dios, la cual es Su poder, ha sido otorgada sobre los que son humildes también (a esto se refiere Pablo cuando reconoce sus "debilidades"). Una medida mayor del poder de Dios descansa sobre usted mientras se humilla y se rinde a la infinita sabiduría de Su Espíritu. Esto también es el resultado de la intimidad con el Espíritu.

Nuestra sociedad occidental se basa en los resultados. Muchas veces, si no vemos el resultado inmediato de nuestros esfuerzos o inversiones, perdemos nuestra determinación. Lo que debemos entender es que cuando oramos en el Espíritu, estamos invirtiendo en nuestro futuro. Algunas veces toma tiempo antes de que la revelación salga a la superficie de nuestro entendimiento. Orar en el Espíritu requiere fe porque comienza donde termina nuestro entendimiento. Reta nuestra fe e incrementa nuestra capacidad para entender la sabiduría de Dios.

Orando con el entendimiento

El enfoque de este capítulo es orar en el Espíritu. Sin embargo, orar en nuestro entendimiento es algo extremadamente beneficioso también. Pablo lo hace claro, que debemos orar ambos, con el entendimiento y en el Espíritu.

> (...) Oraré con el espíritu, pero oraré también con el entendimiento; cantaré con el espíritu, pero cantaré también con el entendimiento (1 Corintios 14:15).

Cuando oro con mi entendimiento mi mente se edifica directamente. Provoca una gran pasión y emociones preciosas. Me conecta con quien sea la persona por la cual esté orando: Lisa, mis hijos, mis amigos, mis empleados. De la misma forma, cuando hablo de mi entendimiento para declarar las grandezas de mi Padre, me embarga un sentimiento de agradecimiento.

También hay momentos cuando oro con el entendimiento de acuerdo a la dirección del Espíritu. De hecho, esta es otra forma de orar en el Espíritu. Pero a menudo, oro en el Espíritu primeramente, y luego Dios me da la interpretación o el entendimiento de lo que acabo de orar y palabras de entendimiento fluyen de mi boca como un río.

Mientras escribo acerca de la importancia de orar en el Espíritu, no estoy de ninguna manera minimizando la necesidad de orar con el entendimiento. Lo que anhelo comunicar es que una vida saludable de oración incluye ambas: la que se hace en el Espíritu y la que se hace con el entendimiento.

La fuente de nuestra vida

Proverbios 20:27 dice: *"Lámpara de Jehová es el espíritu del hombre, La cual escudriña lo más profundo del corazón"*. Las maravillas del Espíritu de Dios son iluminadas y primordialmente reveladas en nuestro espíritu, no en nuestras mentes. Por eso es que cuando oramos en el Espíritu, debemos también creer y pedir la interpretación. Esta revelación que el Espíritu Santo da a nuestros espíritus será entonces emitida, y ascenderá a la superficie de nuestro entendimiento.

Proverbios 20:5 declara: *"Como aguas profundas es el consejo en el corazón del hombre; Mas el hombre entendido lo alcanzará"*. A través del poder de la cruz, Dios nos ha dado un corazón nuevo (vea Ezequiel 36:26). Ahora nosotros podemos extraer consejo (el Espíritu Santo es conocido como el Consejero) de las profundidades de nuestro corazón renovado. Esto se confirma en las palabras de Jesús en Juan 7:38-39:

> *El que cree en Mí, como ha dicho la Escritura: 'De lo más profundo de su ser brotarán ríos de agua viva.' Pero Él decía esto del Espíritu, que los que habían creído en Él habían de recibir; porque el Espíritu no había sido dado todavía, pues Jesús aún no había sido glorificado* (NBLH).

Este verso también me trae a la mente Isaías 12:3.

> *Sacaréis con gozo aguas de las fuentes de la salvación.*

Juan establece con claridad que Jesús dijo los *"ríos de agua viva"* (Juan 7:38) que broten de su interior serán *"el Espíritu"*. ¿Por qué compara Jesús al Espíritu con el agua? El agua transmite vida y energía; sin ella, la vida en la tierra dejaría de ser. Lo que Jesús está diciendo al referirse al Espíritu como *"ríos de agua viva"*, es que el Espíritu es la misma esencia de vida.

Dios dice: *"Mi pueblo fue destruido, porque le faltó conocimiento"* (Oseas 4:6). ¿De qué conocimiento está hablando Dios? Él está hablando específicamente acerca de Sus caminos y propósitos. Las buenas noticias son que Dios nos ha enviado a Su Espíritu para que podamos vivir una vida a plenitud, la cual proviene del conocimiento de Su corazón.

Es imposible servir a Dios sin poseer un entendimiento de quién Él es, así como los miembros del equipo de mi ministerio no me pueden servir sin antes conocer mi corazón. Mientras leemos la Palabra de Dios y pasamos tiempo en oración, el Espíritu nos revelará el corazón de Dios. Esta es la llenura que necesitamos para vivir una vida de gozo. Nehemías 8:10 declara: *"El gozo de Jehová es vuestra fortaleza"*. En otras palabras, cuando nos deleitamos en Él (experimentamos el renuevo de Su Espíritu), recibimos fuerzas para lo que nos espera. Yo no sé de usted, pero yo no quiero vivir ni un día sin Su gozo.

Los misterios de Dios

De esta Escritura en Proverbios y Juan, podemos ver que el agua que sale de nuestros corazones contiene los misterios o secretos de la sabiduría de Dios. También sabemos que Dios revela estos misterios a través de Su Espíritu. Así que vamos a mirar nuevamente lo que dice Pablo en 1 Corintios 2:7: *"Mas hablamos la sabiduría de Dios en misterio"*.

La traducción de la palabra misterio en griego no significa "misterioso o ambiguo". Literalmente significa "escondido o no manifestado completamente".[1]

Imagíneselo de esta manera: usted se encuentra en un restaurante de alta alcurnia. Llega el chef a su mesa para determinar cuáles son sus preferencias culinarias. Entonces le prepara una comida a su gusto particular. Cuando la comida está lista, un mesero llega y pone el plato frente a usted. Como es un restaurante tan exclusivo, la comida permanece cubierta hasta que llegue el tiempo de revelar lo que hay. Usted sabe que lo que está frente a usted es su comida, pero hay cierto misterio que rodea este platillo.

Cuando el tiempo llega, el mesero dice: "¡Aquí está!" y remueve la tapa del plato. Ahora usted puede ver la comida que el chef le preparó. No es como si la comida no hubiera existido antes que la destaparan; la comida estaba presente antes de que usted supiera. El mesero reveló el misterio de su cena. El chef siempre supo lo que era, pero para usted era un secreto hasta que fue destapado el plato.

Por Su Espíritu, Dios remueve la tapa de Su planes escondido; Su misterio. A través de la asociación con el Espíritu, ahora...

> ...hablamos sabiduría de Dios en misterio, la sabiduría oculta que Dios predestinó antes de los siglos para nuestra gloria, Y nosotros no hemos recibido el espíritu del mundo, sino el Espíritu que proviene de Dios, para que sepamos lo que Dios nos ha concedido. De estas cosas hablamos, no con palabras enseñadas por la sabiduría humana, sino con las que enseña el Espíritu, acomodando lo espiritual a lo espiritual (1 Corintios 2:7, 12-13).

Más tarde en la misma carta, Pablo escribió:

> *Porque el que habla en lenguas no habla a los hombres, sino a Dios; pues nadie le entiende, aunque por el Espíritu habla misterios"* (1 Corintios 14:2).

¿Puede ver la correlación? Cuando oramos en lenguas, hablamos los misterios de Dios. Ya sabemos que estos misterios están escondidos en lo profundo de nuestro corazón (vea Proverbios 20:5), y salen de nosotros cuando florecen los ríos de agua viva de la sabiduría del Espíritu (vea Juan 7:38-39). Por lo tanto, orar en lenguas nos edifica porque saca *"ríos de agua viva,"* la misma esencia de la vida, para que podamos entender el consejo más profundo del Espíritu mismo.

Como mencioné con anterioridad, ha habido muchas ocasiones en las que me he encontrado con alguna escritura que sobrepasa mi entendimiento. Cuando esto sucede, oro en el Espíritu, y el entendimiento comienza a fluir. En numerosas ocasiones he estado en el proceso de escribir un libro, cuando de repente me topo con una pared. Parece que no tengo nada más que decir. Lo único que puedo hacer al llegar a este punto es salirme de mi computadora y comenzar a orar en lenguas. Cuando hago esto, me encuentro muchas veces sorprendido por la nueva revelación. ¿Qué es lo que está sucediendo en esos momentos? ¡Los ríos de agua viva del Espíritu de Dios están fluyendo desde mi corazón!

Si usted no está en comunión con Dios, entonces ciertos misterios continuarán escondidos de su mente natural. Estos misterios pueden incluir a qué iglesia debe ir, con quién se debe casar, qué trabajo debe tomar, qué casa debe comprar, cómo orar por sus líderes, cómo ser mejor esposo (a), cómo manejar algún reto que esté enfrentando con uno de sus hijos, cómo sobresalir en su trabajo y mucho más. ¿No está feliz de saber que Dios no nos dejó para que figuráramos la vida a través de nuestro propio entendimiento? A través de Su Espíritu podemos descubrir Sus planes (lo que es mejor) para nuestras vidas, y de esta manera disfrutar la paz que nos prometió.

DÍA 3

Paz: un regalo íntimo

Gálatas 5 nos dice que la paz es la evidencia de la presencia y la aprobación del Espíritu en nuestras vidas. Esta es una bendición maravillosa con muchas aplicaciones prácticas para nuestro diario vivir.

Cuando yo era un hombre soltero, la identidad de mi futura esposa era un misterio para mí. En aquel tiempo, yo era novio de una mujer llamada Lisa Toscano. Sabía que verdaderamente me gustaba. Amaba su personalidad, y me sentía muy atraído a ella. Pero yo quería casarme solamente con la chica que Dios había seleccionado para mí. En aquel tiempo Lisa vivía en Arizona, y yo en Texas. Ambos queríamos la dirección de Dios con relación al futuro de nuestra relación. Así que le dije a Lisa: "Vamos a orar en el Espíritu por treinta minutos cada día por los próximos treinta días. Escucha tu corazón. Si sientes algún sentimiento de inseguridad, entonces Dios nos está diciendo que no prosigamos con nuestra relación. Pero si sientes paz, el Espíritu Santo nos está animando y dirigiendo a tomar el próximo paso en nuestra relación". Mientras orábamos, individualmente ambos sentimos una paz sobrecogedora con anticipación y gozo. Después de los treinta días, discutimos abiertamente lo que habíamos sentido mientras orábamos, y descubrimos que ambos habíamos experimentado las mismas cosas. Seguimos adelante y eventualmente nos casamos. ¡Esto sucedió hace más de treinta años, y estoy sumamente agradecido de que ambos hayamos experimentado esa paz!

Romanos 8:14 dice: *"Porque todos los que son guiados por el Espíritu de Dios, éstos son hijos de Dios"*. El pasaje continúa con la explicación de cómo el Espíritu dirige a los hijos de Dios: *"El Espíritu mismo da testimonio a nuestro espíritu,"* (v.16). Esta es la vía principal en la que el Espíritu nos dirige: por Su paz o Su testimonio.

¿Ha querido hacer algo alguna vez que parece ser la decisión correcta y lógica, pero cada vez que piensa en ello, experimenta un sentimiento de incomodidad? Usted tal vez se haya preguntado, ¿qué está mal? ¿Por qué me siento de esta manera? Todo acerca de esta decisión parece estar en orden. Si usted estuviera en comunión con el Espíritu Santo, ese sentimiento de incomodidad sería Él diciéndole: "No te muevas en esa dirección". Ha sido mi experiencia en muchas ocasiones. A veces mi decisión de seguir la dirección del Espíritu no tiene sentido hasta años más tarde. He aprendido a confiar en Él en esos momentos. Recuerde: Su sabiduría no se limita a tiempo o espacio, lo que significa que Él siempre está considerando su futuro mientras dirige su presente.

Entonces ha habido otros momentos cuando he sentido una gran paz al tomar decisiones que parecen ser un gran riesgo. Eso ha sido la paz de Cristo dirigiendo mi corazón. Escuche las palabras del Apóstol Pablo:

> *Y permite que la paz (la paz que llega del alma) de Dios, gobierne [actúe como un árbitro continuamente) en sus corazones (decidiendo y resolviendo con finalidad cualquier situación que se presente en sus mentes, en ese estado de paz) al cual como (miembros del cuerpo de Cristo). A esta paz, ciertamente, ustedes han sido llamados como miembros de Cristo (un cuerpo al cual han sido llamados (a vivir). Y sean agradecidos (sepan apreciar), (dando alabanzas a Dios siempre)* (Colosenses 3:15, traducción directa de AMPC).

Me encanta cómo la versión Amplificada compara al Espíritu Santo con un árbitro. Un buen árbitro toma sus decisiones (llamadas) sin cuestionar. De la misma manera, el Espíritu Santo decidido resuelve y contesta todas las preguntas (decisiones, preocupaciones) que vengan a nuestra mente. Él compartirá Su sabiduría con usted si le permite a Él hacer las (llamadas) y tomar las decisiones. Muchas veces Sus "decisiones/

llamadas" son comunicadas a través de la paz que sobrepasa el entendimiento humano; este el testimonio del Espíritu. La Escritura dice:

> *Y la paz de Dios, que sobrepasa todo entendimiento, guardará vuestros corazones y vuestros pensamientos en Cristo Jesús* (Filipenses 4:7).

Hemos sido posicionados en Cristo Jesús, lo que significa que tenemos acceso a la paz que es tan escurridiza hoy en día. Jesús es el Príncipe de Paz, así que a aquellos que están en Él se les ha prometido paz. Cuando invitamos al Espíritu Santo a entrar en nuestros procesos de tomar decisiones, Él siempre dará testimonio a través de la paz de Cristo Jesús.

Tomando decisiones que traen paz

Como el líder de *Messenger International*, he tomado muchas decisiones que fueron afirmadas solamente por Su paz. El objetivo en discusión parece ser imposible, pero Su paz me guardó de limitar el potencial de *Messenger International* a mi propio entendimiento.

Ha habido muchas ocasiones cuando he escuchado al Espíritu hablarme claramente. Por ejemplo, mientras me preparaba para escribir este libro, yo estaba planificando escribir sobre un tema completamente diferente. Durante un tiempo de ayuno y oración, el Espíritu Santo me ordenó escribir acerca de lo maravilloso que Él es.

La mayoría de mis decisiones son guiadas por la paz de Dios (siempre de acuerdo con Su Palabra), no por la claridad de la directriz. Sin embargo, ha habido ciertos tiempos donde el Espíritu de Dios me ha hablado. Esto me sucede usualmente cuando Dios me está dirigiendo en una dirección completamente diferente. Permítame darle un ejemplo:

La meta primordial de *Messenger International* es edificar la iglesia local. Nosotros creemos que la iglesia local es el método más estratégico para alcanzar al perdido, traer esperanza y provisión a los necesitados, y hacer discípulos de las naciones. Más de 20,000 iglesias en Norte América han usado nuestros currículos. Por muchos años, nuestro enfoque principal fue alcanzar iglesias en los Estados Unidos, Canadá, Australia y el Reino Unido.

Entonces el 31 de mayo del 2010, Dios me habló mientras leía el libro de Daniel: "Has sido fiel en tu meta de alcanzar a la iglesia local de habla inglesa. Ahora te estoy enviando a un campo entero: "las naciones del mundo". Fue un momento de asombro. No tenía idea de cómo esto iba a suceder. Así que hice una reunión con el director de nuestro ministerio. Le compartí la visión de lo que Dios había puesto en mi corazón, y le dije que durante el curso del 2011, yo quería regalar 250,000 libros a líderes de las naciones subdesarrolladas. Todos se quedaron atónitos. Nunca habíamos dado nada que se acercara a ese número de libros en un solo año. Mi Gerente General de Operaciones y otros directores de departamento me cuestionaron repetidas veces sobre el asunto. Mi GGO finalmente me preguntó si había llevado este asunto a Dios en oración.

Yo había escuchado claramente de parte de Dios que íbamos a alcanzar pastores y líderes en todo el mundo, pero Dios no me había dicho específicamente que el primer paso para alcanzar esta meta era regalando 250,000 libros durante el año entrante. Así que llevé esta meta a Él en oración. Dicho y hecho, tenía paz. El Espíritu Santo no tuvo que hablarme audiblemente porque yo sabía que esta meta estaba alineada con Su directriz original. Sentí Su testimonio. Cuando le informé al equipo, ellos inmediatamente se unieron a la visión. Ciertamente, Dios se movió en maneras milagrosas, y pudimos regalar más de 270,000 libros a pastores y lideres en 47 naciones en el 2011.

En el 2011, me iba a reunir con un pastor iraquí en Beirut, Líbano (estaba en el Medio Oriente hablándole a 2,500 pastores y líderes). Él dirigía la iglesia más grande en su ciudad, y era un hombre joven de apenas treinta y seis años. Él me dijo: "Sr. Bevere, usted es como un padre para mí. He leído muchos de sus libros que han llegado a mis manos. Hasta he usado mi tarjeta de crédito para bajar recursos de su sitio web".

Cuando él dijo eso, quise que la tierra me tragara. Aquí estaba un hombre de una nación en guerra con recursos económicos limitados, haciendo todo lo posible para obtener material de *Messenger International*. Esto causó una vez más el clamar a Dios por sabiduría en cómo ayudar a estas iglesias locales empoderando a sus líderes. Orando en el Espíritu, recibí la idea de cómo podíamos darles a pastores en naciones subdesarrolladas no solamente libros, sino los currículos enteros. El siguiente año, dimos

1.3 millones de recursos a estos pastores y líderes. El número se ha seguido multiplicando desde entonces.

Una pieza crítica del rompecabezas que vino al orar en el Espíritu fue lanzar *CloudLibrary.org*, un sitio web que le permite a pastores y líderes, al igual que sus congregaciones, bajar recursos en su lenguaje natal libre de costo. ¡Así que sobrepasamos los 270,000 recursos regalados en el 2011, y ahora el alcance se está multiplicando mes tras mes! Este es el tipo de trabajo que Dios puede hacer en y a través de nosotros cuando fluimos en el testimonio de la paz del Espíritu Santo.

DÍA 4

Recibiendo dirección

Una de las áreas que preocupa a un gran número de creyentes es encontrar la dirección de Dios. Con frecuencia escucho a la gente decir: Yo no sé lo que Dios quiere que haga con mi vida. Santiago nos dice qué hacer cuando necesitamos dirección: *"Y si alguno de vosotros tiene falta de sabiduría, pídala a Dios,"* (v. 1:5). La palabra griega para sabiduría es *sofía*, lo cual se describe completamente como "la capacidad de entender y como resultado, actuar sabiamente".[2] Piénselo de esta manera. A través de la sabiduría de Dios podemos primeramente entender y después actuar.

¿Quién nos da la capacidad de entender la sabiduría de Dios y ponerla en práctica? El Espíritu Santo. Yo he estado en circunstancias en las cuales verdaderamente necesito dirección. Cuando comienzo a hablar en lenguas, la sabiduría y dirección de Dios vienen a mi espíritu, y entran a mi entendimiento. El acto de orar en lenguas ilumina la dirección de Dios para nuestras vidas.

Leamos Proverbios 20:5 nuevamente. Dice: *"Como aguas profundas es el consejo en el corazón del hombre; Mas el hombre entendido lo alcanzará"*. Otras traducciones usan la palabra propósito en lugar de consejo. En Cristo, se le ha asignado una misión o propósito que es únicamente suya. Este propósito determinará su dirección, y está escondido en lo profundo de su corazón. Mientras ora en el Espíritu y descubre el consejo de Dios, Él le revelará su propósito. Esto no sucederá de la noche a la mañana, así que sea paciente. Mientras usted invierte tiempo en la oración y la Palabra de Dios, Él revelará el propósito para su vida. A uno de mis hijos le gusta ponerlo de esta manera: la Biblia es nuestro mapa y el Espíritu Santo es nuestro Guía.

Este regalo de dirección está disponible para cada área de su vida. Si está pasando un momento difícil con uno de sus hijos, haga un alto y tome tiempo para orar en el Espíritu. Él le mostrará cómo responder. Si usted está en el negocio de ventas y no sabe qué hacer, cierre la puerta de su oficina, y pida la opinión del que lo sabe todo. Él habita en usted; ahora lo que tiene que hacer es simplemente sacar lo que todavía no le ha sido revelado. ¡Él desea darle dirección! Isaías 48:17 dice: *"Yo soy Jehová Dios tuyo, que te enseña provechosamente, que te encamina por el camino que debes seguir"*. Dios quiere que viva abiertamente su propósito en el Reino, y Él anhela dirigir cada paso del camino.

Algunas veces escucho a personas decir: John, eso es solo 'espiritual' y medio raro. No podemos traerle este tipo de peticiones a Dios. Él se interesa solamente por cosas relacionadas con el ministerio. Primeramente, quiero decir que no hay nada raro acerca de Dios, así que no hay nada raro acerca de su involucración en cualquiera de las áreas de nuestra vida. Las personas pueden ser raras, pero Dios jamás lo es ni lo será. Tampoco debemos descartar nunca la promesa de Dios solo porque ciertas personas han hecho mal uso o pervertido una de las expresiones de Su Espíritu.

Segundo, la Biblia nos instruye a *"orad sin cesar"* (1 Tesalonicenses 5:17). Muchos cristianos nunca han estudiado este verso en su contexto para entender lo que significa. Obviamente, Pablo no está diciendo, "mantenga sus labios en movimiento cada minuto del día". Después de todo, la Biblia nos dice que prediquemos el evangelio y nos animemos los unos a los otros. No podemos hacer ninguna de estas cosas si nos pasamos cada segundo moviendo nuestros labios para orar.

A lo que Pablo está haciendo referencia en este verso es a la comunión continua con el Espíritu de Dios. ¿Cómo sé esto? En el verso19, él dice: *"No apaguéis al Espíritu"*. El orar sin cesar es no apagar la presencia del Espíritu Santo. Significa que usted es consciente de Su presencia y sensible a Su voz. En otras palabras, no sofoque o reprima la involucración de Él en su vida. El Espíritu quiere estar involucrado en cada aspecto de su vida. Quiere guiarle. Él desea tener una comunión constante con usted. Esta incesante comunión producirá en su vida la paz, la fuerza y la dirección del Espíritu Santo.

Yo no he sido llamado a ser un hombre de negocios. Pero si lo fuera, pasaría bastante tiempo orando en el Espíritu acerca de mi negocio. Luego tomaría decisiones basadas en la paz que hay en mi corazón. Nunca desacredite la habilidad que posee para recibir dirección de su Creador, solo porque usted no está en el ministerio "a tiempo completo". Él dirige sus pasos, tal como dirige los míos.

Tiempos personales de oración

Yo encuentro que mis tiempos personales de oración son mucho más efectivos cuando comienzo leyendo la Escritura. La Palabra de Dios me aclara la mente, y parece abrir el canal de mi espíritu a mi intelecto. Después de este tiempo de lectura, estoy mucho más conectado con el Espíritu Santo, y mi tiempo de oración es enriquecido con Su presencia manifestada.

También he aprendido que Dios es rápido en revelarse cuando intencionalmente honro Su presencia en mi vida. Cuando comienzo a meditar en Su grandeza y bondad, de repente el Espíritu Santo se revela. ¿Por qué? El salmista nos da la respuesta: *"Dios temible en la gran congregación de los santos, Y formidable sobre todos cuantos están alrededor de él"* (Salmos 89:7). Si usted quiere experimentar la presencia de Dios, debe acercarse a Él en reverencia. La forma más rápida para espantar la presencia de Dios es deshonrándolo al asumir que sabemos lo que Su Espíritu quiere.

Cuando Jesús dio el modelo de oración para Sus discípulos (nos incluyó también a nosotros), Él comenzó diciendo: *"Padre nuestro que estás en los cielos, santificado sea tu nombre"* (Mateo 6:9). En otras palabras, cuando nos acercamos a nuestro Padre, debemos entrar primero en reverencia a Su santa presencia. Cuando lo hacemos, el Espíritu Santo manifestará Su presencia, porque Él sabe que se le está dando su lugar. Su presencia nos dará perspectiva, sabiduría, conocimiento y poder. ¡Él es nuestra verdadera fuente de vida! ¿Por qué querríamos estar separados de Él?

Intercediendo en el Espíritu

Solía orar regularmente con un pastor amigo mío. Durante nuestros tiempos de oración, frecuentemente intercedíamos en lenguas. En una ocasión supimos que estábamos dando directrices a algún área del Medio Oriente. El siguiente día nos enteramos que un terremoto masivo había tomado lugar en Turquía. Yo creo que mi amigo y yo estábamos intercediendo por los cristianos en esa nación. Estábamos conectados a ellos a través del Espíritu, porque es el mismo Espíritu que reside en todos nosotros. Dios estaba hablando Su voluntad para aquellos creyentes en Turquía, a través de nosotros.

Este acto de intercesión espiritual tiene un significado extremadamente importante en el avance del Reino de Dios en la tierra. El enemigo odia el hecho de que podemos declarar la voluntad de Dios sobre nuestros hermanos y hermanas a la distancia. Su meta es dividir y separar la Iglesia, y le encantaría limitar nuestra intercesión a lo que usted y yo sabemos en nuestro entendimiento.

Probablemente nunca se haya dado cuenta de su conexión con otros creyentes en el mundo. Es completamente posible que usted pueda interceder correctamente por otros creyentes situados en otras tierras, aún cuando no tenga ningún contacto natural con ellos.

Una vez mientras estuve en Kenya, conocí a un hombre de la tribu Masai. Él vino a los Estados Unidos y se hospedó en la casa de unos amigos en Pensilvania. El caballero se quedó con ellos por más de un mes. En varias ocasiones, les hablaba y les daba noticias actualizadas de cómo estaba su familia en África. Finalmente le preguntaron: "¿Cómo usted sabe lo que está pasando en África con su familia? Su familia no tiene acceso a ningún teléfono". El respondió: "Bueno, Pablo sabía lo que estaba sucediendo con las iglesias de Colosas y Corintos cuando estaba lejos de ellos. Mientras oro en el Espíritu, el Señor me muestra lo que está sucediendo con los miembros de mi familia". Los versos a los que él se refería eran Colosenses 2:5: *"Porque aunque estoy ausente en cuerpo, no obstante en espíritu estoy con vosotros, gozándome y mirando vuestro buen orden y la firmeza de vuestra fe en Cristo"*, y 1 Corintios 5:3: *"Ciertamente yo, como ausente en cuerpo, pero presente en espíritu, ya como presente he juzgado al que tal cosa ha hecho"*. Pablo estaba conectado en el Espíritu con las personas de estas iglesias, y sabía acerca de sus asuntos sin estar físicamente presente entre ellos.

Ha habido muchas ocasiones cuando yo sé que uno de los miembros de mi equipo o compañeros han estado orando por mí. Estoy en medio de una situación grave y peligrosa cuando Dios repentina y milagrosamente interviene. Yo sé que en esos instantes ese alguien estaba orando por protección, e intercediendo en el Espíritu por mi vida.

Experimentando descanso

Hermanos, no seáis niños en el modo de pensar (...) En la ley está escrito: En otras lenguas y con otros labios hablaré a este pueblo; (1 Corintios 14:20-21).

Como tal vez haya usted notado a este punto, Pablo escribe mucho acerca de las lenguas en 1 Corintios 14. En estos versos, Pablo está parafraseando las palabras de Isaías; porque en Isaías 28:11-12, leemos:

porque en lengua de tartamudos, y en extraña lengua hablará a este pueblo, a los cuales él dijo: Este es el reposo; dad reposo al cansado; y este es el refrigerio (...).

Dios profetizó a través de Isaías que hablar en lenguas proveería descanso y refrigerio. En una ocasión, uno de mis amigos que pastorea una iglesia grande estaba hablando con el pastor de otra iglesia grande. El pastor de la segunda iglesia le dijo a mi amigo: "Estoy listo para dejar el ministerio. Estoy cansado. Estoy agotado. Estoy desgastado".

Mi amigo le respondió: "¿Tú has dejado de orar en el Espíritu, verdad que sí?". El otro pastor titubeó". "Bueno..." Mi amigo continuó: "¿Cuánto tiempo inviertes en orar en el Espíritu?". El otro pastor vaciló un poco, pero eventualmente dijo: "Bueno, yo estoy constantemente preparando mensajes, tengo muchas cosas sucediendo con mi iglesia de 15,000 miembros, y..." Mi amigo le preguntó otra vez: "¿Estás orando en el Espíritu?". Finalmente, el otro pastor respondió: "No, para ser realmente honesto contigo, no lo estoy haciendo". Mi amigo dijo: "Comienza a orar en el Espíritu".

Muy pronto, el pastor que en un momento estaba agotado, ya no quería renunciar al ministerio. ¡Hoy, ambos él y su iglesia están floreciendo!

¿Por qué es tan importante para el pastor que ore en lenguas? Nosotros recibimos descanso sobrenatural y nos rejuvenecemos cuando oramos en el Espíritu.

¿Cómo puede el Dr. Cho dirigir una iglesia de más de 800,000 miembros y no quemarse? Él ora en el Espíritu. No puedo pensar en un pastor que experimente más presión y responsabilidad que el Dr. Cho. Su iglesia ha transformado a Korea del Sur completamente, y él es uno de los pastores más respetados en el mundo. Sería imposible para cualquier hombre o mujer llevar este peso en sus propias habilidades. Pero yo sé que Dr. Cho no depende de su propio entendimiento. Él le da prioridad a sus tiempos de oración, y ora en el Espíritu por horas todos los días. Este tiempo de oración le proporciona fuerzas grandes y descanso.

Lester Sumrall fue un gran hombre de Dios. Tuve el privilegio de pasar tiempo con él en varias ocasiones. ¡Doctor Sumrall dormía solo cuatro horas en la noche, y escribía cuatro libros a la misma vez! Él tenía mucha más energía que los miembros de su equipo de trabajo, a quienes él les doblaba la edad y muchos eran predicadores jóvenes. ¿Donde encontraba estas fuerzas? Él pasaba mucho tiempo orando en el Espíritu.

Por favor, entienda, nunca debemos abusar de nuestros cuerpos. Dios claramente nos dice que honremos y guardemos el Sábado. Todos debemos disfrutar el descanso físico. Yo juego golf porque me distrae del trabajo, y refresca mi mente y mi cuerpo. Es una gran fuente de descanso para mí. Pero junto con observar el descanso del Sábado, orar en el Espíritu renovará nuestros cuerpos y almas. Desafortunadamente, muchas personas han experimentado quemarse prematuramente porque no estaban descubriendo su descanso en el Espíritu.

DÍA 5

Nuestro hombre interior

> *El que habla en lengua extraña, a sí mismo se edifica; pero el que profetiza, edifica a la iglesia* (1 Corintios 14:4).

La palabra griega para "edifica" es *oikodomeo*. Esta palabra significa literalmente "para construir o edificar".[3] Cuando oramos en el Espíritu, edificamos nuestra capacidad para recibir la presencia y el poder de Dios. Jesús usó esta misma palabra griega cuando dijo:

> *"Por tanto, todo el que me oye estas palabras y las pone en práctica es como un hombre prudente que construyó su casa sobre la roca"* (Mateo 7:24 NVI).

De manera similar, Dios nos dice a través de Judas:

> *Pero vosotros, amados, edificándoos sobre vuestra santísima fe, orando en el Espíritu Santo* (Judas 1:20).

Recuerdo una vez cuando uno de mis amigos tenía un hijo que estaba bien enfermo. Los doctores no encontraban qué estaba mal con el niño, y mi amigo no sabía qué hacer. Finalmente, se fue a su oficina y oró en el Espíritu por cinco horas. Salió de su oficina, manejó hasta su casa, y fue directamente a la habitación de su hijo. Con gran autoridad le dijo: "Levántate de esa cama". El niño quedó completamente sano desde ese momento. ¿Qué sucedió? Esas horas en las que estuvo orando en el Espíritu habían incrementado la capacidad de mi amigo para interceder y ministrar a su hijo. Todo lo que recibimos de Dios, lo recibimos por fe. Simplemente no hay otra manera. El tiempo con el Espíritu aumenta nuestra capacidad para recibir las promesas y la presencia de Dios manifestada por fe, porque edifica nuestro hombre interior.

Adoración más profunda

Orar en nuestro lenguaje celestial nos da la habilidad de adorar y alabar a Dios a un nivel más profundo. Pablo dijo:

> *Porque si bendices solo con el espíritu, el que ocupa lugar de simple oyente, ¿cómo dirá el Amén a tu acción de gracias? pues no sabe lo que has dicho. Porque tú, a la verdad, bien das gracias; pero el otro no es edificado* (1 Corintios 14:16-17).

Pablo está haciendo referencia a las expresiones corporales de alabanza, y señalando que cuando nosotros "bendecimos en el Espíritu" (alabamos en lenguas), no estamos beneficiando a otros. Alabar en lenguas es una expresión privada, trae edificación personal, pero no colectiva. Pablo no está subestimando el acto de hablar en lenguas. Simplemente está diciendo que hay un tiempo y un lugar para el mismo.

Note como Pablo concluye este punto: *"¡Tu acción de gracias es admirable!"* (v. 17 NVI). Cuando alabamos a Dios en lenguas, le permitimos al Espíritu Santo enaltecer preciosamente las maravillas y misterios de Dios a través de nosotros. Hay un nivel más profundo de adoración que ocurre cuando alabamos a Dios en una lengua celestial. Por eso es que Pablo cantaba en el Espíritu y con el entendimiento (vea 1 Corintios 14:15).

Cualquiera puede ser lleno del Espíritu

Me entristece el corazón cuando los cristianos menosprecian a otros creyentes porque no oran o hablan en lenguas. Estos hermanos y hermanas en Cristo simplemente no han experimentado el maravilloso regalo del Espíritu. No es para que sean avergonzados o menospreciados, porque somos uno en Cristo.

Como discutimos en el capítulo anterior, el don de hablar en lenguas está disponible para todo creyente; aquellos que todavía no hablan en lenguas no han sido excluidos de esta promesa. Jesús dijo: *"Y estas señales seguirán a los que creen (…) hablarán en nuevas lenguas;"* (Marcos 16:17). Pablo dijo: *"quisiera que todos vosotros hablaseis en lenguas,"* (1 Corintios 14:5). El deseo del corazón de Dios es que todos Sus hijos disfruten los beneficios maravillosos de nuestro lenguaje celestial.

¿Cómo alguien puede recibir al Espíritu Santo?

Antes de continuar, permítame decirle que muchos de mis amigos han recibido la llenura del Espíritu en el auto, en la casa, hasta en sus oficinas.

192 EL ESPÍRITU SANTO

Todo lo que tenemos que hacer es pedir, y nuestro Padre Celestial nos dará Su Espíritu. Si usted ya ha pedido este regalo, simplemente aprenda a rendirse.

En primer lugar, antes de que usted pueda recibir la llenura del Espíritu Santo, debe recibir a Jesucristo como su Señor y Salvador. Jesús dijo que el mundo (aquellos que todavía no han recibido salvación) no puede recibir el Espíritu Santo (vea Juan 14:17). Si usted no ha hecho de Jesús el Señor de su vida, lo puede hacer sometiéndose a Su señorío ahora mismo. Para más información de cómo recibir salvación, vea el Apéndice.

Si usted ya es un hijo de Dios, se puede estar privando del gozo de la llenura del Espíritu, si existe un patrón de desobediencia deliberado e intencional en su vida. Dios da el Espíritu Santo *"a aquellos que lo obedecen"* (Hechos 5:32). Esto no significa que usted tiene que ser perfecto. Simplemente quiere decir que usted debe humillarse delante de Él. Esta es una señal de rendición a Su voluntad. Mientras usted lo hace, Dios le dará la gracia para vencer las trampas del pecado, y pueda una vez más abrirse para recibir la llenura del Espíritu.

Una de las trampas más grandes de la desobediencia en la vida de muchos creyentes es la ofensa. Usted debe ser intencional en perdonar a los que le han hecho daño. Sin ninguna excepción, yo he sido testigo de que tan pronto un creyente ofendido que quiere recibir la llenura del Espíritu ofrece perdón, el Espíritu se manifiesta. Tome un momento ahora mismo para dejar ir a aquellos que le han hecho mal, y pida a Dios que le dé Su corazón para ellos. Yo discuto el tema de la ofensa con más detalles en mi libro titulado *La Trampa de Satanás*.

Simplemente pida con fe...

> *¿Qué padre de vosotros, si su hijo le pide pan, le dará una piedra? ¿o si pescado, en lugar de pescado, le dará una serpiente? ¿O si le pide un huevo, le dará un escorpión? Pues si vosotros, siendo malos, sabéis dar buenas dádivas a vuestros hijos, ¿cuánto más vuestro Padre celestial dará el Espíritu Santo a los que se lo pidan?* (Lucas 11:11-13).

Alguien enseñó que cuando usted pide el Espíritu Santo, puede que reciba un espíritu maligno. Estas palabras de Jesús alivian este miedo completamente. Dios es el dador de toda buena dádiva y don perfecto (vea Santiago 1:17). Si usted le pide al Padre el Espíritu Santo, Él no le va a dar un demonio. Él le dará el Espíritu Santo. Así que no tenga miedo a abrir su corazón a la llenura de Su Espíritu.

Una vez que se haya abierto al Espíritu, no espere que Él tome su lengua y lo fuerce a hablar. Él le ha dado libre albedrío. El Espíritu es un caballero que nunca lo va a obligar o a empujar. Satanás le empuja; el Espíritu Santo lo guía o dirige. El Espíritu le dará las palabras (pueden ser sílabas, sonidos o fragmentos de palabras tartamudeadas), pero debe rendirse al Él en tres áreas: sus labios, su lengua y sus cuerdas vocales. Mientras lo hace, un lenguaje celestial comenzará a burbujear de su espíritu como una cafetera eléctrica. Tal vez sea una sílaba primero. Mientras usted se rinde en fe a esa sílaba, más comenzará a venir. Nuevamente, todo lo que recibimos de Dios es por fe. No hay diferencia para el don de lenguas. Solo hable lo que Él le da por fe, y aunque tal vez comience tartamudeando, lo que está pronunciando eventualmente se convertirá en un lenguaje completamente desarrollado.

Niveles más altos

La razón por la cual dediqué los últimos dos capítulos para discutir el don de lenguas es porque creo que Dios quiere que tengamos un lenguaje celestial que nos conecte a profundidad con Él, y una a Su pueblo para los propósitos de Su Reino. La pasión del Espíritu Santo (Sus deseos) es que todos los hombres y mujeres conozcan a Jesús. Mientras crecemos en intimidad y asociación con Él, Él levantará nuestros ojos y nos revelará el mundo a través de una perspectiva nueva. Veremos un mundo desesperado por Cristo, pero también veremos y conoceremos por Su Espíritu cómo hacer nuestra parte en dar a conocer a Cristo.

Yo espero que usted haya disfrutado esta introducción al Espíritu de Dios. Todo lo que haya aprendido en estos capítulos es verdaderamente una probadita pequeña de Sus eternas e inigualables maravillas, y Él anhela llevarle a un nivel más grande cada día de su vida. Le animo a leer este libro nuevamente de vez en cuando para que el Espíritu pueda estimular su corazón a conocerlo en formas nuevas y profundas.

El Espíritu Santo se deleita en revelarle a Jesús. Honre Su presencia e invítelo a cada área de su vida, no solo a las "espirituales". Él ha prometido nunca dejarnos o desampararnos. Disfrute esta maravillosa promesa cada minuto del día. Mientras lee la Palabra de Dios y pasa tiempo en Su presencia, usted vendrá a conocer más y más al Espíritu. Rete los límites de su entendimiento, permitiéndole al Espíritu de Jesucristo gobernar su vida. Mientras hace esto, yo creo que veremos un despliegue de la gloria y la majestad de Dios como nunca antes.

DEVO DÍA 1

Orar en el Espíritu...

Abre la puerta a una intimidad más profunda

Si le alabamos en el lenguaje privado de las lenguas, Dios nos entiende... porque estamos compartiendo intimidades entre nosotros y Él.

—1 Corintios 14:2 MSG (traducción directa)

La mayor bendición de orar en el lenguaje del Espíritu es mayor intimidad con Dios. El Señor de toda la creación tiene tanto deseo de tener compañerismo y comunión con nosotros, que pone su propio Espíritu en nuestro espíritu, capacitándonos para comunicarnos con Él a su nivel. ¡Qué asombroso! El Pastor Kenneth Hagin, Sr. afirmó:

> "Dios es un Espíritu. Cuando oramos en lenguas, nuestro espíritu está en contacto directo con Dios, quien es un Espíritu. Hablamos con Él por un medio divino sobrenatural... Hablar en otras lenguas no es solamente la evidencia *inicial* de la llenura del Espíritu Santo, sino también una experiencia *continua* durante el resto de la vida. ¿Con qué propósito? Para ayudarnos en la adoración de Dios.

> "Seguir orando y adorando a Dios en lenguas nos ayuda a ser siempre conscientes de su presencia que habita en nosotros. Si puedo ser consciente cada día de la presencia del Espíritu Santo que habita en mí, eso influenciará mi modo de vivir".[1]

Cuando oramos en el Espíritu, no oramos en *nuestro* entendimiento, sino en el entendimiento *de Dios*. ¡Su Espíritu ora la perfecta voluntad de Dios por medio de nosotros!

Es importante orar en el Espíritu y alimentarnos de la Palabra de Dios cada día, porque es así como conectamos íntimamente con Él. ¿Cuáles son su hora y lugar diarios para tener comunión con Dios? ¿Cómo le ha mostrado el Espíritu su amor profundo y personal?

_____

_____

_____

Si no tiene una hora y lugar, ore y pregunte al Espíritu Santo cuándo y dónde querría Él encontrarse con usted y demostrarle su profundo amor.

¿Ha tenido desconsideración o menosprecio por el don de hablar en lenguas? Si es así, ¿por qué? ¿Cómo le está ayudando esta lección a ver el lenguaje del Espíritu bajo una luz más positiva y poderosa?

_____

_____

_____

Si ha desconsiderado o menospreciado el don de lenguas, pida a Dios que le perdone y le llene de nuevo de su Espíritu.

Algunos han batallado con usar sus lenguas de oración porque solamente tienen una o dos palabras. ¿Se aplica esto a usted? Si es así, imagine al Espíritu diciéndole suavemente estas palabras: *"Te amo. ¿Quieres usar lo que te he dado? ¿Me amarás y honrarás al hablar las palabras que tienes? Aunque son pocas, son especiales entre tú y yo"*. Tome un momento y responda.

_____

_____

_____

No compare su lenguaje íntimo de oración con el de otros. Utilice las palabras que el Espíritu le haya dado. ¡Cuando sea fiel en lo poco, Él le dará más! Lea Mateo 25:14-23, prestando especial atención a los versículos 20-23.

DEVO DÍA 2

Orar en el Espíritu...

Revela los misterios de Dios

A ustedes, Dios les da a conocer los secretos del reino de los cielos... Pues al que tiene, se le dará más, y tendrá bastante...

—Mateo 13:11-12 DHH

Jesús dijo que se nos ha dado la posibilidad de entender los secretos y misterios de su reino. ¿Cómo recibe y entiende usted esos secretos? Al permanecer en una relación con su Espíritu. Los misterios de Dios son revelados cuando usted ora en el Espíritu y pasa tiempo con Él.

Oswald Chambers fue un escritor, orador y defensor de la devoción a Dios íntima. En el conocido libro *En pos de lo supremo*, dice:

> "¿Cuál es la señal de un amigo? ¿Que él le cuente tristezas secretas? No, que él le cuente *alegrías secretas*. Muchos le confiarán sus tristezas secretas, pero la última marca de intimidad es confiar las *alegrías secretas*".[2]

¿Cuál es uno de los misterios más asombrosos de Dios que el Espíritu le ha revelado? ¿Por qué es especial?

_____

_____

_____

¿Comparte *sus* pensamientos, sentimientos y deseos personales con el Espíritu? ¿Habla alguna vez con Él sobre sus mayores sueños y temores? Los amigos lo hacen. Haga una pausa y comparta algo íntimo con Él, algo querido para su corazón que no ha compartido antes o que no ha mencionado durante mucho tiempo.

_____

_____

_____

Si no comparte íntimamente cosas con el Espíritu, ¿a qué se debe? Pídale que le muestre qué lo está evitando y que le ayude a compartir con libertad lo que hay en su corazón.

Comunicarse con Dios no es solamente hablar; es también *escuchar*. Es necesario un balance entre ambas cosas. Si no tomamos tiempo para escuchar, no podemos oír lo que el Espíritu está diciendo. Chambers continúa:

> "¿Hemos permitido alguna vez a Dios que nos cuente alguna de sus alegrías, o le decimos nuestros secretos a Dios de modo tan continuo que no dejamos lugar para que Él nos hable? Al comienzo de nuestra vida cristiana estamos llenos de peticiones a Dios, y entonces descubrimos que Dios quiere que tengamos una relación con Él mismo, para ponernos en contacto con sus propósitos. ¿Estamos tan unidos a la idea de oración de Jesucristo, 'Hágase tu voluntad', que captamos los secretos de Dios?".[3]

Dios dice que hay tiempo para todo, lo cual incluye tiempo para hablar y tiempo para estar en silencio en oración (véase Eclesiastés 3:1-7). Pregunte al Espíritu: "¿Estoy siempre hablando durante la oración? ¿Te doy tiempo a ti para revelar tus misterios? ¿Has estado intentando decirme algo que no he escuchado por no haber estado callado? Si es así, ¿qué es?". Esté callado y escuche. ¿Qué le está hablando el Espíritu Santo?

> *Pido al Dios de nuestro Señor Jesucristo... que les conceda el don espiritual de la sabiduría y se manifieste a ustedes, para que puedan conocerlo verdaderamente. Pido que Dios les ilumine la mente, para que sepan cuál es la esperanza a la que han sido*

llamados, cuán gloriosa y rica es la herencia que Dios da al pueblo santo, y cuán grande y sin límites es su poder, el cual actúa en nosotros los creyentes. Este poder es el mismo que Dios mostró con tanta fuerza y potencia.

–Efesios 1:17-19 DHH

DEVO DÍA 3

Orar en el Espíritu...

Produce paz interior

La clase de fruto que el Espíritu Santo
produce en nuestra vida es... paz...

–Gálatas 5:22 NTV

¿Qué es paz? Algunas veces, saber lo que algo *no* es nos ayuda a saber lo que verdaderamente es. La paz verdadera, la paz que Jesús da mediante su Espíritu, no se trata de tener una cuenta bancaria abultada, salud perfecta, una casa bonita y posesiones extravagantes, o relaciones carentes de conflicto.

La paz verdadera, la paz de Dios, no está definida por circunstancias o condiciones externas. Es estabilidad en medio de la dificultad. Es la capacidad de permanecer calmado mentalmente, emocionalmente, físicamente y espiritualmente en medio de los problemas.

Deténgase y pregúntese: *¿Qué entiendo yo por paz? ¿En qué está anclada mi paz? ¿Cómo difiere mi entendimiento de la paz, de la verdadera paz del Espíritu? ¿Qué necesita cambiar?*

_____

_____

_____

Mediante el sacrificio de Cristo, se nos da paz *con* Dios. Mediante la llenura del Espíritu Santo, se nos da la paz *de* Dios. Jesús mismo dijo:

> *"Les dejo la paz. Es **mi propia paz** la que les doy, pero no se la doy como la da el mundo. No se preocupen ni tengan miedo"* (Juan 14:27 PDT)

¿Qué hemos de hacer con la paz que nos da el Príncipe de Paz?

> *Y que la paz (armonía del alma que proviene) de Cristo gobierne (**actúe como árbitro continuamente**) en sus corazones [decidiendo y estableciendo con finalidad todas las preguntas que surjan en sus mentes, en ese estado pacífico] al cual como [miembros de Cristo] un cuerpo fueron también llamados [a vivir]* (Colosenses 3:15 AMP, traducción directa).

Imagínese a usted mismo como el bateador que ha pasado a la base. A sus espaldas está agachado el *Árbitro de Paz*, y cada bola que lanza el lanzador envía una decisión que usted tiene que tomar. Ahora vuelva a leer con atención Colosenses 3:15. ¿Cuán importantes son las indicaciones del árbitro? ¿Qué le está hablando el Espíritu Santo sobre permitir que Él sea su Árbitro de Paz?

_____

_____

El modo principal en que el Espíritu nos guía a la perfecta voluntad de Dios es mediante un sentimiento de paz interior. A eso se refiere la Escritura cuando dice: *"el Espíritu mismo da testimonio a nuestro espíritu"* (Romanos 8:16). ¿Qué decisiones está afrontando en este momento en las que necesita que Dios le guíe? Haga una pausa y ore en el Espíritu; después espere su testimonio de paz. ¿Qué le está hablando Él?

DEVO DÍA 4

Orar en el Espíritu...

Libera sabiduría y dirección

*Si a alguno de ustedes le falta sabiduría, pídasela
a Dios, y él se la dará; pues Dios da a todos sin
limitación y sin hacer reproche alguno.*

–Santiago 1:5 DHH

¿Quién es el Dador de sabiduría y dirección? El Espíritu Santo. Isaías lo llama Espíritu de sabiduría y de entendimiento, Espíritu de conocimiento, y Espíritu de consejo. Jesús dijo que Él es nuestro Maestro que nos guía a toda verdad. ¿Dónde vive nuestro Maestro? En nuestro interior: su templo. Siempre que le falte sabiduría sobre qué hacer, ore con su entendimiento y *en el Espíritu*, ¡y Él le dará la dirección que necesite!

Tome tiempo para meditar en estas poderosas promesas, recordando que el Señor y el Espíritu son el mismo.

Esto dice el Señor... *«Yo soy el Señor tu Dios, que te enseña lo que te conviene y te guía por las sendas que debes seguir»* (Isaías 48:17 NTV).

> *Ya sea que te desvíes a la derecha o a la izquierda, tus oídos percibirán a tus espaldas una voz que te dirá: «Éste es el camino; síguelo.»* (Isaías 30:21 NVI).

> [El Señor dice]: *«Te enseñaré y te mostraré el camino; te estaré observando y seré tu guía»* (Salmos 32:8 PDT).

> *El Amigo, el Espíritu Santo que el Padre enviará cuando se lo pida, hará que todo sea claro para ustedes* (Juan 14:26 *The Message* (traducción directa).

> *Cuando venga el Espíritu de verdad, él los guiará a toda la verdad* (Juan 16:13 NTV).

> *Señor, muéstrame tus caminos; guíame por tus senderos; guíame, encamíname en tu verdad, pues tú eres mi Dios y Salvador. ¡En ti confío a todas horas!... [Él] guía por su camino a los humildes... Al hombre que honra al Señor, él le muestra el camino que debe seguir* (Salmos 25:4-5, 9, 12 DHH).

¿En qué necesita sabiduría y dirección? ¿En su trabajo? ¿En su salud? ¿En su matrimonio? ¿En sus hijos? ¿En sus finanzas? ¿En sus amistades? Cualquiera que sea la situación, intente practicar estos pasos:

1. *Haga saber a Dios su petición especial de sabiduría*, dándole gracias por su dirección en el pasado (véase Filipenses 4:6-7).

2. *Ore en el Espíritu*. Use el don de lenguas para orar tanto tiempo y con tanta pasión como el Espíritu desee orar por medio de usted (véase Efesios 6:18; Romanos 8:26-28).

3. *Pida al Espíritu la interpretación*. Él revelará el misterio de lo que usted ha orado (véase 1 Corintios 14:13).

4. *Anote lo que Él revele* (entendiendo que puede que no llegue inmediatamente, pero llegará).

5. *Pida gracia al Espíritu Santo* para actuar según la dirección que Él dé.

Mi mayor necesidad de sabiduría y dirección es _____

_____

_____

_____

_____

Esta es la sabiduría y dirección que el Espíritu Santo me está dando:

_____

_____

_____

_____

DEVO DÍA 5

Orar en el Espíritu...

Le fortalece y edifica

La persona que habla en lenguas se fortalece a sí misma...

—1 Corintios 14:4 NTV

¿Por qué pelea tan duro el enemigo para evitar que usted ore en lenguas? Primera de Corintios 14:4 da una potente razón: él no quiere que usted sea fortalecido. Cuanto más fuerte sea usted en el Espíritu, más fuerte es para Cristo, y mayor amenaza es usted para el reino de Satanás.

Al igual que el alternador de su auto recarga la batería, orar en el Espíritu recarga su espíritu. Aleja el temor, la depresión y la negatividad; le edifica de maneras que no pueden expresarse. Cuando usted ora en lenguas, aumenta su capacidad de albergar la presencia y el poder de Dios.

¿Ora usted en el Espíritu *regularmente* o en *raras ocasiones*? Si lo hace regularmente, ¿*cuán a menudo* y *por cuánto tiempo*? Si lo hace en raras ocasiones, ¿por qué?

_____

_____

¿Qué sucede *en su interior* cuando invierte tiempo en orar en lenguas? ¿De qué otros frutos y manifestaciones del Espíritu ha sido testigo como resultado? ¿Cómo le alientan a orar?

_____

_____

¿Cómo responde usted generalmente a situaciones estresantes y agotadoras? ¿Ha probado a orar en el Espíritu? Haga una pausa y ore: "Espíritu Santo, cambia mi respuesta natural y negativa por la respuesta sobrenatural y positiva de orar en lenguas. ¡Lléname de ti como nunca antes!".

_____

_____

_____

¿Qué acciones le está diciendo el Espíritu Santo que emprenda y que harán que Él sea una parte mayor de su vida cotidiana? Anótelas, y póngalas en práctica.

_____

_____

_____

Sin duda, el enemigo ha llevado pensamientos a su mente y ha avivado sentimientos en su carne para impedirle orar en lenguas. Él lo hace con la mayoría de creyentes. A continuación tenemos algunas de las razones y excusas comunes que él ofrece. ¿Le resultan familiares? Escriba cualquier otra que se le ocurra; después ore y pida al Espíritu Santo una respuesta capacitada por Dios para responder a cada mentira que el enemigo traiga.

Eso no viene de Dios; tú lo inventaste.

_____

_____

_____

Me siento/parezco muy tonto.

_____

_____

_____

Tan solo estás repitiendo lo que dijo otra persona.

_____

_____

_____

Esto no hace ningún bien.

_____

_____

_____

No tengo ganas de orar en lenguas.

_____

_____

Lo único que tengo es una o dos palabras.

_____

_____

¿Qué pensaría fulano si me oyera?

_____

_____

Amigo, no permita que el enemigo le engañe pensando que no debería orar en lenguas. Deseche sus pensamientos y deje a un lado esos sentimientos. Abra su boca diariamente y *"fortalézcanse en esta fe más santa orando en el Espíritu Santo"* (Judas 20 MSG, traducción directa).

Preguntas de discusión

Si está usando este libro como parte de la serie *Messenger* sobre el Espíritu Santo, por favor remítase a la sesión 5 del video.

1. La oración en lenguas (el lenguaje del Espíritu) es muy beneficiosa. Tome unos minutos para enumerar tantos de los beneficios como pueda

recordar. De ellos, ¿cuál es más valioso para usted en este momento en su vida? Si se siente cómodo, comparta el motivo.

---

2. Una razón por la que Dios nos ha dado el don de lenguas es para evitar que el enemigo sepa lo que está sucediendo. Dios todo lo sabe; Satanás no. Satanás no entiende la frecuencia divina del lenguaje del Espíritu. Comparta cualquier incidente(s) concreto(s) en que usted oró en lenguas (intercedió) y venció los planes del diablo en su vida y en las vidas de otros.

Líderes: Pasajes a considerar: Lucas 10:19; Efesios 6:10-18; 2 Corintios 10:3-5; Mateo 11:12; Apocalipsis 12:11.

> *Oren en el Espíritu en todo momento y en toda ocasión. Manténganse alerta y sean persistentes en sus oraciones por todos los creyentes en todas partes.*

> —Efesios 6:18 NTV

3. Cuando necesitamos sabiduría sobre qué hacer en una situación, orar en el Espíritu Santo es una clave vital para recibir dirección divina. Lea con atención Proverbios 20:5, 1 Corintios 14:13 y Juan 7:38-39. Describa cómo orar en lenguas libera el consejo de Dios, el cual ha sido depositado en nuestros corazones.

---

4. Permanecer en comunión con la Persona del Espíritu Santo permite que sean revelados "misterios" ocultos. Estos misterios incluyen cosas como dónde deberíamos ir a la iglesia, con quién deberíamos casarnos, qué trabajo deberíamos aceptar, qué casa deberíamos comprar, cómo

orar por otros, cómo ser un mejor cónyuge o padre, y cómo manejar las dificultades en el trabajo. Si está dispuesto, comparta con el grupo cómo orar en el Espíritu ha desatado las respuestas a una o más de esas situaciones para usted.

---

5. En 1 Corintios 14:15 vemos que hay valor en orar en el Espíritu y orar con el entendimiento. ¿Cuáles son algunos beneficios de orar con el entendimiento? ¿Cómo nos ayuda la oración en el Espíritu a orar de modo más preciso en nuestro entendimiento?

---

6. Primera de Tesalonicenses 5:17 nos enseña a orar "sin cesar". ¿Significa esto que deberíamos estar orando las 24 horas del día, o se está refiriendo a otra cosa? Lea 1 Tesalonicenses 5:16-19 y hablen de lo que Dios nos está diciendo.

---

7. Algunos creyentes que son llenos del Espíritu Santo han mirado por encima del hombro a quienes no han recibido este asombroso don, tratándolos como cristianos de segunda clase. ¿Ha sido usted tratado así alguna vez? Si lo ha sido, ¿cómo afectó a su relación con Dios y con otros creyentes? ¿Ha tratado alguna vez a alguien de ese modo, consciente o inconscientemente? ¿Cuál debería ser nuestra actitud con respecto a la llenura del Espíritu?

Notas

_____
_____
_____
_____
_____
_____
_____
_____
_____
_____
_____
_____
_____
_____
_____
_____
_____
_____
_____
_____
_____
_____
_____
_____
_____

RESUMEN DEL CAPÍTULO:

* Las expresiones de intimidad con el Espíritu, incluida la oración en lenguas, tienen un momento y lugar adecuados.

* No ignore, menosprecie o se abstenga del don de lenguas porque algunos lo hayan usado mal.

* Cuando ora en lenguas, está declarando los misterios de Dios, y puede pedirle que le dé la interpretación de sus oraciones.

* El poder del Espíritu es dado a los humildes. La humildad abre la puerta a los misterios de Dios.

* Podemos orar en el Espíritu cuando necesitemos sabiduría, cuando deseemos adorar a Dios en un nivel más profundo, o queramos interceder por otros. El Espíritu amplía de modo exponencial nuestras capacidades en todas esas áreas.

* La dirección de Dios con frecuencia llega en forma de paz; cuando oramos en el Espíritu y tenemos paz con respecto a algo, el Espíritu Santo está dando testimonio a nuestro espíritu y diciéndonos que avancemos.

* Orar en lenguas renueva y edifica todo nuestro ser. ¡Tome tiempo para orar en el lenguaje del Espíritu cada día!

CAPÍTULO DE BONO: PREGUNTAS Y RESPUESTAS

L as siguientes preguntas fueron adaptadas de una sesión especial
con John y Lisa Bevere, incluida en *Messenger Series*, acerca de *El
Espíritu Santo: Una Introducción.*

Lisa: Tú comentaste que algunas iglesias se han enfocado tanto en desarrollar una atmósfera que descuidan la presencia del Espíritu Santo.
Muchas iglesias quieren saber cómo pueden invitar otra vez la presencia
del Espíritu Santo, sin traer cosas raras o servicios innecesariamente lar-
gos. ¿Cómo pueden hacerlo?

John: Simplemente pídanlo. Como dije anteriormente, el Espíritu Santo es un caballero. Él deja a nuestra discreción el que demos el primer
paso.

En muchas ocasiones, cuando estoy ministrando en las iglesias, y personas vienen a recibir salvación, yo digo: "Espíritu Santo, por favor, tócalos".
Solo toma unos minutos antes de que Su presencia se manifieste, y personas por todo el santuario comiencen a llorar. Esto siempre me gusta,
porque la Biblia habla acerca del gustar del regalo celestial (vea Hebreos
6:1-6), y encuentro que estas personas tienen menos probabilidad de re-
incidir si han probado el regalo celestial: la manifestación de la presencia
del Espíritu Santo.

Una vez estaba en una iglesia grande que había evolucionado de una de
las formas o manifestaciones que nos recordarían los antiguos servicios
carismáticos. En una de las reuniones, el Espíritu de Dios manifestó Su
presencia. La gente estaban llorando por todo el santuario; la presencia
de Dios era tangible. El Señor me dijo: "Ahora es tiempo de decirles que
den gracias y alaben a Dios". Así lo hice y cerré el servicio. Más tarde

el pastor dijo: "¡Increíble! Yo estaba pensando que seguiríamos por una hora más. Vamos a tener cosas raras como sucedían antes". Él dijo: "Me encanta como Dios te dirigió. Cuando dijiste que Dios había terminado lo que iba a hacer, pude sentir que verdaderamente Él había llevado a cabo Su propósito. Ahí fue cuando dijiste: 'vamos a cerrar el servicio'". Yo he visto la presencia del Espíritu de Dios manifestarse, y en dos minutos impactar a las personas profundamente.

Lisa: John y yo tuvimos esta conversación recientemente. A veces tenemos solamente treinta y cinco minutos para predicar en un servicio, pero la verdad es que son nuestros treinta y cinco minutos. Así que en lugar de predicar treinta y cinco minutos...

John: Predique treinta.

Lisa: Predique treinta. O haga una pausa para el Espíritu Santo en medio del sermón. Dé lugar para que el Espíritu Santo haga lo que tenga que hacer. Muchas veces los ministros se ocupan en cubrir tanto, que se les olvida dejarse saturar por el Espíritu.

Lisa: Nos has compartido mucho acerca de lo que significa cuando el Espíritu Santo "nos llena," ¿pero, qué de cuando nos prohibe? ¿Lo puedes explicar?

John: El libro de Colosenses nos enseña: "*Y la paz de Dios gobierne vuestros corazones*," (vea Colosenses 3:15). Luego en Romanos capítulo ocho dice: "*Porque todos los que son guiados por el Espíritu de Dios, éstos son hijos de Dios*" (verso 14). La palabra "hijos" usada en este verso hace referencia a ambos, hijos e hijas. Es la palabra griega *huios*, que significa "hijos maduros".[1] No todo cristiano es dirigido por el Espíritu. Muchos son dirigidos por sus emociones, su intelecto, situaciones o circunstancias. Dios está diciendo que hijos maduros e hijas maduras son guiados por el Espíritu. ¿Cómo nos guía el Espíritu? Él da testimonio a nuestro espíritu (verso 16). En otras palabras, digamos que yo quiero ir a una ciudad en particular y siento una inquietud, una corazonada en mi espíritu.

Lisa: ¿Te ha sucedido que has ido a un lugar donde no debiste ir?

John: Sí.

Lisa: ¿Cuál fue el fruto o el resultado de esto?

John: El fruto fue que dije: "¡No volveré a hacer eso otra vez!". Fue un desastre. He aprendido que si siento este tipo de aviso, necesito parar.

Ahora, he estado en situaciones donde acordé llegar a una reunión, y luego siento que el Señor no quería que fuera, pero ya he dado mi palabra. Yo digo: "Dios, Tu Palabra dice que sea un hombre que jura por sí mismo y que no cambie. Necesito ir a esta reunión. Necesito que me protejas". Él no me reprendió por eso. El viaje no fue excelente, pero pude sentir Su protección.

Pero es mejor para mí reconocer ese aviso: "No lo hagas, no vayas allá. Tú no quieres ir allí". El sentimiento es increíble; uno puede reconocerlo. Prevalece ese sentir y mientras más caminas con Él, más sensible eres.

Lisa: Tú hablaste acerca del Dr. Cho, de las cosas maravillosas que ha hecho, y cómo se ha llenado orando en el Espíritu. También sé que una de las claves que mucha gente no entiende es que Dr. Cho dice "no" a muchas cosas para proteger ese tiempo con el Espíritu. El Espíritu Santo nos dirá "no" a algunas cosas posibles para que Él pueda hacer lo imposible en nuestras vidas.

John: Podrás notar que en el libro de los Hechos, ellos fueron llenos del Espíritu Santo en el capítulo dos, pero después Pedro, "lleno del Espíritu Santo", le dijo a los gobernantes en Hechos 4:8, y los creyentes fueron "llenos del Espíritu Santo" en Hechos 4:31. Ser llenos con el Espíritu Santo no es un evento de una sola vez. Dios dice: *"No se emborrachen con vino, porque eso es maldad (corrupción, estupidez), pero sean llenos con el (Santo) Espíritu y guiados constantemente por Él"* (Efesios 5:18 traducción directa de AMP) No es que tengamos una fuga; es que queremos estar saturados continuamente del Espíritu Santo. Hay momentos en nuestros matrimonios donde estamos saturados en amor el uno para el otro. Como también hay ocasiones cuando hemos estado separados el uno del otro, y necesitamos ser saturados otra vez.

Lisa: Tienes que ser intencional.

John: Es intencional. Así que manténgase lleno. Ser llenos del Espíritu Santo es algo continuo. Cuando usted está lleno del Espíritu, se manifestará en salmos, himnos y canciones espirituales (vea Efesios 5:18-20). Usted se encontrará simplemente cantando. Yo he estado cantando mucho más esta semana.

Lisa: Apague el televisor.

John: Sí, apague el televisor.

Lisa: Limite las cosas que lo drenan.

Lisa: ¿Pueden todos los creyentes operar en los dones espirituales o solo los ministros?

John: Yo creo que todos los creyentes tienen la habilidad de operar en cualquiera de los dones del Espíritu. Si alguien está en necesidad de un milagro grande, ese don de operación de milagros puede venir sobre cualquier creyente. Dios también puso dones específicos en la vida de ciertas personas, y esos dones operan dondequiera que ellos vayan.

Lisa y yo conocimos a un individuo con el don de sanidad, al cual le permitió ministrar sanidad a corazones. Personas con problemas del corazón viajaban de toda la nación a sus reuniones, y recibían sanidad. Este don de sanidad en su vida le ayudó a llevar a cabo el ministerio al cual fue llamado.

Pero también puedo pensar en otro amigo mío, cuyo hijo se ahogó en la tina del baño. Se electrocutó y estuvo muerto por 45 minutos. Mi amigo dijo: "John, yo oré por treinta minutos, y nada estaba pasando. Los paramédicos estaban disgustados. Entonces algo me tocó la cabeza. Alguien más miró a través de mis ojos, y le dije a mi hijo: 'Tú vas a vivir y no vas a morir'". Y su hijo fue resucitado de entre los muertos. Él cree que fue el "don de fe" lo que vino sobre él. Ese don era necesario en ese momento.

Lisa: Y él no era un ministro en ese entonces.

John: Él era un policía.

Lisa: Y no estaba dirigiendo un servicio.

John: Él acababa de llegar a su casa de un servicio donde predicó por primera vez su primer sermón.

Lisa: Lo que quiero hacer claro es…

John: Creyentes. Cualquier creyente.

Lisa: Cualquier creyente que esté lleno con el Espíritu Santo, en cualquier momento de su vida.

John: Y usted no tiene que esperar por el don de sanidad. Jesús dijo: *"Y estas señales seguirán a los que creen: En mi nombre (…) sobre los enfermos podrán sus manos, y sanarán"* (vea Marcos 16:17-18). Esto se refiere a cuando uno ora la oración de fe para que alguien sea sanado. Dios honrará eso porque Él honra Su Palabra.

Lisa: Usted no tiene que esperar hasta que el pastor lo ponga en el púlpito. No tiene que esperar hasta que alguien lo llame a una esquina en el recibidor de la iglesia. Usted puede tomar el poder de Dios, las promesas de Dios en su diario vivir. Y si usted siente la dirección del Espíritu para hablarle a alguien, tocar a alguien, orar por alguien o ser generoso con alguien (tal vez debemos empezar por ser generosos), eso sería maravilloso. Nosotros lo podemos hacer.

John: Y ese es uno de los dones: el don de dar, de generosidad.

Lisa: Sabemos que el Espíritu Santo vino a revelarnos a Jesús. Así que cuando hablamos de las manifestaciones que hemos visto en las últimas dos décadas, temblar, reírse, rodar por el piso y caerse, ¿cómo estas cosas revelan a Jesús?

John: Bueno, la Biblia habla acerca de señales inusuales, pero son para una corta temporada. Hay tiempos donde señales y milagros extraordinarios suceden, y captan la atención de las personas, y los encaminan a Jesús. Lo que sí considero de muy mal gusto es cuando las personas se adentran y enfocan más en las manifestaciones, de lo que se adentran en el "Manifestador".

Una vez cuando estaba en Singapur, un evangelista de sanidad vino a la iglesia en la que yo estaba ministrando. Él tenía el don que se manifestaba con la gente riéndose de forma histérica. En nuestro servicio, yo podía sentir que la presencia de Dios estaba a punto de manifestarse en esta mega iglesia. De repente, la gente comenzó a reírse, y era como si estuvieras rascando clavos en un pizarrón; eso fue lo que yo sentí en mi espíritu.

Lisa: Entonces, ¿fue lo correcto, pero en el momento incorrecto?

John: Yo dije: "¡Alto! Ustedes acamparon en la manifestación. Ustedes no siguieron el Espíritu de Dios. Esto no es lo que Él está a punto de hacer aquí. Él estaba a punto de tocar a las personas profundamente con el temor de Dios. Ahora, vamos a esperar que el Espíritu de Dios regrese y ministre". Entonces hice que oraran nuevamente. El Espíritu de Dios entró y las personas en todo el edificio comenzaron a llorar.

Lo que sucede en estas situaciones donde las manifestaciones son de mal gusto es que parece como si las personas casi comenzaran a lucirse. Una pareja no va a tener intimidad frente a todo el mundo. Es como si las personas quisieran tomar la intimidad que Dios les ha dado y la mostraran, como queriendo decir: "¡Mira esto! Somos espirituales". Encuentro que mientras más conozco al Espíritu Santo, más quiero protegerlo (Sus dones, habilidades y poder) en una manera honrosa y respetuosa; no en una manera que lo apague. La Biblia habla acerca de apagar el Espíritu en 1 Tesalonicenses 5:19-21. Apagar el Espíritu sucede cuando usted apaga Su poder y Sus dones. ¡No haga eso! Hónrelo. No lo exponga como si fuera una influencia barata de poder.

Lisa: Yo quiero decir que estamos pidiendo e invitando a Dios a que haga lo que Él quiera hacer. Yo encuentro que el Espíritu Santo a veces va a hacer cosas de una forma o en un momento que parece inconveniente, pero nunca por la fuerza, nunca molestoso. Nunca para atraer atención a la gente; sino para atraer atención a Dios, y usualmente hay una atmósfera y presencia para esto.

Recientemente estaba con un grupo de personas de diferentes denominaciones. Escuché a algunos de ellos mofarse de manifestaciones que yo creo fueron reales en un tiempo, y tal vez esperanzados de que Dios continuaría bendiciendo lo que bendijo antes, siguieron con lo mismo. La función se perdió a lo largo del camino, pero la forma se quedó y las personas se estaban mofando. Nosotros no nos estamos burlando de ninguna de estas manifestaciones. Queremos todo lo que el Espíritu tenga, pero queremos que sea en fe. Lo anhelamos en un orden decente, y que esté acompañado de la presencia de Dios.

Lisa: ¿Cabe la posibilidad de que alguien sienta que tiene paz acerca de algo, y no sea de Dios?

John: Sí. Absolutamente. Si miras el capítulo catorce de Ezequiel, Dios les habla a las personas que venían a Él con ídolos en sus corazones. Ahora, ¿qué es un ídolo? La idolatría del Nuevo Testamento es avaricia (vea Colosenses 3:5); desear algo incorrectamente. Las personas que tienen ídolos en sus corazones se atreverían a ir a donde un profeta y decirle: Por favor, ore por mí y decláreme la Palabra de Dios. Dios dijo: "*Yo Jehová responderé al que viniere conforme a la multitud de sus ídolos,*" (vea Ezequiel 14:4). Cuando yo voy delante de la presencia de Dios y pido por algo, necesito asegurarme de que mi corazón es neutral. Ha habido ocasiones donde no lo he hecho. Por mi corazón no estar en una posición neutral, la paz que sentía no era de Dios, y me causó mucha tristeza.

Por eso es que me llena de tanta alegría que Lisa y yo estuviéramos en ciudades diferentes en los comienzos de nuestro noviazgo. Nosotros tomamos treinta días para orar si debíamos seguir adelante con la relación. Yo estaba tan atraído a ella que me tomó probablemente veinticinco días no dejar que esta atracción me dominara. Pero llegué a un punto en esos treinta días donde yo sabía que si Dios decía "no", yo iba a estar bien con eso. Porque significaba que Él tenía a alguien más para ella y para mí. Una vez que alcancé ese punto neutral, comencé a escuchar realmente.

Si voy a mi lugar de oración y siento que no estoy neutral, tengo que trabajar con eso a través de la Palabra de Dios y la oración, hasta que llegue a ese punto de neutralidad. Una vez que lo hago, entonces es que comienzo a escuchar verdaderamente.

Lisa: Hemos hecho esto en numerosas ocasiones en las diferentes etapas de nuestra vida, donde pensamos, va a ser esto, va a ser aquello y va a ser allá, cuando nos damos cuenta de que no era nada de lo que habíamos pensado. Tuvimos que borrar todo el pizarrón y decir: "Dios, lo que Tú quieras".

Tú hablas de un sentimiento como "saber" que viene del Espíritu. Cuando yo estaba estudiando para el libro *Nurture* (Nutrir), busqué el significado de la palabra intuición. Está formada de las palabras del latín "in" y "tueor", que juntas significan "tutor interior".[2] El Espíritu Santo es nuestro tutor interior. Él nos da un corazón nuevo (vea Ezequiel 36:26) y comienza a enseñarnos.

Lisa: Hay momentos en la vida, con personas o situaciones, cuando todo se mira correcto y se siente incorrecto. ¿Puedes hablarnos de esto?

John: Cada vez que no he escuchado a ese tutor interior, cuando todo estaba mal en mi espíritu, pero se miraba bien en la superficie, ha sido una trampa para mí.

Lisa: ¿Es esto cuando tienes una respuesta inicial, pero le has buscado la lógica?

John: Sí. Usualmente esa respuesta inicial es el Espíritu de Dios. Lo mismo me ha sucedido cuando he ignorado tu consejo, Lisa.

Quiero decirles esto a los esposos y esposas. Cuando Lisa y yo estábamos recién casados, yo oraba alrededor de una hora y media al día. Pude notar que Lisa oraba por diez minutos en la tina.

Lisa: ¡Estaba trabajando a tiempo completo!

John: En muchas ocasiones yo decía: "Lisa, creo que debemos hacer esto. Realmente siento que debemos hacer aquello". Y ella me decía: "¡Yo no siento eso!", y la mitad del tiempo tenía la razón. Yo estaba tan frustrado.

Un día dije: "Dios, yo oro por hora y media todas las mañanas. Lisa ora por diez minutos en la tina. Sin embargo, tiene la razón en más de la mitad de estas cosas".

El Señor me dijo: "Dibuja un círculo". Así que dibujé un círculo en un pedazo de papel. Dios dijo: "Pon equis (x) en todo el círculo". Comencé a dibujar las equis (x) dentro del círculo. Él me dijo: "Ahora dibuja una línea en el mismo medio". Dibujé una línea en el mismo medio.

Él dijo: "¿Has notado que la mitad de la equis (x) están en un lado y la otra mitad al otro lado? John, cuando tú estabas soltero, tú estabas completo en Mí y en ti mismo. Pero tú viniste a ser una sola carne con Lisa, así que ese círculo los representa a Lisa y a ti. Tú eres la parte izquierda. Ella es la derecha.

Luego Dios dijo: "¿Sabes lo que son esas equis (x)? Representan la información que tú necesitas de Mí para tomar decisiones sabias. El problema es que estás tomando todas tus decisiones basado en solo la mitad de la información. Necesitas aprender a cómo sacar de tu esposa lo que Yo le enseño para que, como cabeza del hogar, puedas tomar decisiones con toda la información".

Con este entendimiento acerca de la intuición, yo diría que sí me ha perjudicado cuando he sentido ese aviso inicial y lo he ignorado. Pero ha habido ocasiones donde Lisa ha dicho cosas que he ignorado, aún cuando en lo más profundo de mi ser yo sé que sus palabras son las del Espíritu. Porque, ¿qué es lo que Él hace? Él da testimonio.

Lisa también ha dicho cosas, y esto sucede solo una vez cada ciertos años, donde yo sé que lo que está diciendo no es motivado por la fe. Es el miedo hablando, y no lo recibo. Pero la mayoría del tiempo cuando Lisa habla, en mi espíritu yo sé que tiene la razón.

Si yo ignoro ese testimonio, yo soy el que paga las consecuencias.

Lisa: Creo que John está siendo muy generoso, pero yo quiero que las personas entiendan que cuando Dios les habla algo, pueden confiar en Él. Investigadores dicen que el espíritu puede predecir más de lo que podemos entender. Cuando nos lanzamos basados en nuestro propio entendimiento y comenzamos a dudar las cosas, no estamos cuestionándonos a nosotros mismos. Estamos dudando de Dios. Cuando Dios comienza a decirnos algo, necesitamos obedecer.

Recientemente tuve una experiencia con un grupo de personas en un autobús. Tengo que decir que odio los autobuses. Nuestro grupo estaba en un autobús en un aeropuerto por largo rato, y una de las personas en el grupo parecía no encontrar cómo llegar al lugar donde nos habían recogido a todos. Seguíamos llamándola, pero no la podíamos encontrar.

Finalmente pude ver a esta persona que estaba brincando moviendo sus manos, bastante lejos al lado de los taxis, no donde se suponía que estuviéramos. Quería estar molesta con ella. Pero tan pronto la miré, pensé: "Yo la amo". Fue una conexión de corazón inmediatamente. Tan pronto la miré, la amé; tuvimos una conexión bien fuerte.

Dios le dará ese tipo de conexiones. Todo en lo natural dice: "¿Por qué la amo?". Pero así era. Recibí un correo electrónico bastante extenso de su parte, donde decía: "Tú me amaste a primera vista, y al hacerlo me hiciste sentir el amor de Dios en uno de los momentos más solos de mi vida". Este es el resultado del ser simplemente seres humanos que se dejan llevar por esta clase de conexiones, en lugar de nuestro medio ambiente.

También hubo un momento cuando John me dijo: "Lisa, no tengo un buen presentimiento sobre esta persona", a lo que yo respondí: "Amor, es que no eres mujer. Honestamente no conoces estas cosas como yo". Él me ha advertido probablemente tres o cuatro veces, y las veces que no he escuchado, me he perjudicado.

John: Permíteme decir esto: en Hechos 15, Pablo y Bernabé enfrentaron la controversia acerca de si los gentiles tenían que seguir la Ley de Moisés. La iglesia los envía a Jerusalén para reunirse con los ancianos y los apóstoles. ¿Por qué no tomaron la decisión ellos mismos? ¿Por qué tuvieron que bajar a Jerusalén a reunirse con todos? Porque el poder y la dirección van acompañados de la unidad. Por esta razón, esposos y esposas deben hacer todo lo que esté a su alcance para mantenerse unidos. Este estado de unidad nos facilita el tener una respuesta clara de parte de Dios.

Lisa: ¿Cuál es la diferencia entre los dones del Espíritu y el fruto del Espíritu?

John: El don del Espíritu es algo que Dios deposita sobre la vida de alguien. No necesita ser cultivado o desarrollado. Opera automáticamente. Lo único que necesita ser cultivado es cómo la persona opera en ese don. El fruto del Espíritu necesita ser cultivado. Así que los dones son dados; el fruto es cultivado.

El fruto del Espíritu es el resultado de una vida dirigida por el Espíritu Santo. Cuando usted camina en el Espíritu, el resultado de ese fruto cultivado, será una persona que posee más gozo, más paz, más paciencia, más amor (Vea Gálatas 5:22-23). Ese amor, ese gozo o paz, va a emanar de nosotros porque estamos andando en el Espíritu. Tiene que ver con su vida personal. El fruto del Espíritu es el fundamento que lo mantendrá seguro en su ministerio. Los dones del Espíritu pertenecen a su ministerio, y desafortunadamente muchas personas buscan los dones del Espíritu.

Yo he orado: "Dios, no quiero que los dones que has depositado en mi vida sobrepasen el fruto que has desarrollado en mí". Oro que pueda terminar bien, porque lo que sucede con regularidad es que las personas comienzan a buscar los dones. La Biblia dice: *"Seguid el amor; y procurad los dones espirituales,"* (vea 1 Corintios 14:1). Las personas buscan los dones, pero ignoran el fruto (amor).

Los dones no tienen el carácter para sostener a las personas, y pueden terminar destruyéndolos. Judas echó fuera demonios y sanó a los enfermos, sin embargo, Judas está en el infierno. Jesús dijo: *"Hubiera sido mejor para él no haber nacido"* (Mateo 26:24 DHH). Judas tenía los dones del Espíritu operando en su vida, pero obviamente no cultivó el fruto.

Lisa: Algunas personas operan en dones poderosos. Sin embargo, el fruto de sus vidas está en tal contraste con el poder de sus dones. ¿Cómo ocurre esto?

John: Simplemente mira a Balaam. Él tenía el don de profecía.

¡Sus profecías están en la Biblia! Las palabras que habló fueron las de Dios. Sin embargo, Dios lo tuvo que matar a filo de espada porque fue tan malvado y desobediente. El Rey Saúl estaba loco. Era un hombre desquiciado. Llegó a perseguir a David, el ungido de Dios, para matarlo. Aún así en medio de esto él profetizó un día con los profetas (vea 1 Samuel 19).

El hecho de que los dones espirituales estén operando en la vida de una persona no indica necesariamente que tiene la aprobación de Dios. Jesús dijo en Mateo 7:22-23:

> *Muchos me dirán en aquel día: Señor, Señor, ¿no profetizamos en tu nombre, y en tu nombre echamos fuera demonios, y en tu nombre hicimos muchos milagros? Y entonces les declararé:*

Nunca os conocí; apartaos de mí, hacedores de maldad" (no de-
sarrollaste el fruto en tu vida)[énfasis del autor]).

El Señor me habló un día y me dijo: "¿Te das cuenta que no dicen, pero le dimos de comer al pobre en Tu nombre, visitamos a los que están presos en Tu nombre? La gente que hacen estas cosas cultivan el fruto". Cultivar el fruto del Espíritu es la seguridad que nos posiciona para terminar bien.

Esto lo aprendí por primera vez cuando estaba trabajando en una iglesia grande, una de las iglesias más reconocidas en todo el mundo. Esta iglesia era visitada por algunos de los predicadores más reconocidos; la crema de los ministros cristianos. Mi trabajo era recogerlos en el aeropuerto, y ser su anfitrión durante su estadía. Pude notar que cuando ciertos ministros entraban al auto, sentía como si el mismo Jesús se hubiera sentado a mi lado. Ellos se paraban y ministraban, y se sentía como que el mismo Jesús había predicado.

Otras personas entraban, y yo pensaba, ¿qué acaba de suceder? ¿Por qué me siento sucio? ¿Por qué sus conversaciones son tan indecentes? Luego se paraban en la plataforma, y la gente se salvaba, eran sanadas y ministradas. Estas no eran salvaciones o sanidades falsas; era el poder del Espíritu Santo. Yo pensaba, ¡Dios, no entiendo esto! ¿Qué es lo que está pasando? ¿Cómo pueden actuar de esta manera conmigo para llegar a la plataforma, y ver personas que reciben salvación y sanidad? Fue ahí donde Dios me enseñó que Judas proclamó el reino, echó fuera demonios, sanó a los enfermos e hizo milagros, sin embargo, Judas está en el infierno. Balaam profetizó, pero Dios lo mató a filo de espada. Saúl profetizó, pero no terminó bien. También me dijo: "La unción de Dios, los dones de Dios trabajando en una persona, no es necesariamente una señal de la aprobación de Dios". Por sus frutos los conoceréis (vea Mateo 7:16).

Lisa: ¿Entonces tú dirías que el don es algo que viene sobre la vida de una persona, y el fruto es algo que se desarrolla en su vida, en su carácter interior?

John: Afirmativo, excelente manera de decirlo.

Lisa: Tú hablaste de ser dirigido por una paz interior, y has hablado de una sensación de aviso; esa molestia, esa incomodidad cuando el Espíritu te está prohibiendo algo. Pero algunos usarán el argumento de que Dios solamente habla a través de la Escritura. ¿Crees tú que Dios habla hoy, o solamente habla a través de Su Palabra?

John: Bueno, primero que nada, Pablo le dijo a la iglesia de Corintios: *"Ustedes saben que cuando todavía no eran creyentes se dejaban arrastrar ciegamente tras los ídolos mudos"* (1 Corintios 12:2 DHH). En otras palabras, los dioses que servían los corintios eran dioses que no podían hablar. Pablo dijo que la diferencia es que nuestro Dios habla. Y habla claramente.

¿Cómo habla Dios? El Nuevo Testamento nos muestra varias maneras en las que Él nos habla. Primero es un testimonio interno, ese sentimiento de paz. Esa es la forma número uno en la que Él habla.

Lisa: ¿Aún más que en Su palabra?

John: No, Su Palabra siempre está alineada con esto. Si recibe un sentimiento de paz que no está en acorde con la Palabra de Dios, no lo escuche. Obviamente usted tiene motivaciones equivocadas en su corazón; necesitamos regresar a lo neutral primeramente. La Palabra es la máxima autoridad.

Lisa: La Palabra siempre es el fundamento y la estructura.

John: Sí, eso es correcto. Así que el testimonio interior es el número uno. Número dos es la quietud, ese silbo apacible de la cual la Biblia habla. Jesús dijo: *"Mis ovejas conocen mi voz,"* (Juan 10:27). El Espíritu de Dios habla lo que escucha a Jesús decir, y esa es la quietud, el silbo apacible.

Algunas personas han caído en ataduras porque han comenzado a seguir voces sin ningún tipo de testimonio interior. Cada vez que he escuchado la voz de Dios, el testimonio la acompaña, y ambos se alinean con la Palabra. Estamos estableciendo un fundamento aquí: Palabra, testimonio y voz. Si usted escucha la voz, pero no tiene testimonio, no escuche la voz. Yo he estado en reuniones donde personas han profetizado a mi vida, pero no he experimentado la presencia de Dios, no he recibido testimonio interior. Ni le presto atención a esas palabras.

La próxima forma que nos presenta el Nuevo Testamento dice que Dios nos habla a través de sueños. Hechos capítulo 16 en la versión *The Message* nos cuenta la historia de Pablo teniendo un sueño (las demás versiones lo mencionan como una visión). Un hombre macedonio viene a Pablo en su sueño y le dice: *"Pasa a Macedonia y ayúdanos"* (v. 9). Ese fue el Espíritu Santo usando un sueño para decirle a Pablo: Ve a Macedonia. Dios les habla a algunas personas a través de sueños, un poco más que a otros. Dios le habla a mi esposa poderosamente a través de sueños. Dios usualmente me habla a través del testimonio interior y el silbo apacible.

La próxima forma presentada en la Biblia es de Dios hablando a personas a través de visiones. Cuando él lo describe dice: *"si en el cuerpo, no lo sé; si fuera del cuerpo, no lo sé;"* (2 Corintios 12:2). En una visión, uno no sabe si está en el cuerpo o fuera del cuerpo, pero puedes ver dentro del mundo espiritual. Cuando mi pastor nos lanzó al ministerio en 1989, fue por una visión. Él vino a una reunión del personal y dijo: "Tuve una visión anoche. Fue como si lo estuviera mirando en una pantalla de televisión. Uno de nuestros pastores no será parte de este equipo de trabajo por mucho tiempo más. Va a estar viajando por todo el mundo, y será una bendición al Cuerpo de Cristo". Luego dijo: "Ese hombre eres tú, John Bevere". Dios me había dicho lo mismo ocho meses atrás durante mi tiempo de oración, así que fue una confirmación para mí.

La última forma que menciona el Nuevo Testamento es que Dios nos habla a través de trances. Pedro experimentó un trance en Hechos 10. Un trance es cuando sus sentidos son suspendidos. Esto es diferente a una visión, porque en una visión los sentidos están intactos. Uno se puede mover. Cuando Pablo y Juan subieron al cielo, ellos se estaban moviendo. En un trance, uno ve algo y escucha la voz de Dios. Todos los demás sentidos están suspendidos.

Alguien podría decir: "¿Qué de un vellón (señal) de lana?". Un vellón es un método del Antiguo Testamento para escuchar a Dios. Usted tiene que tomar todo en el Antiguo Testamento y pasarlo por la cruz. La cruz lo deja como está, lo revisa o lo borra. La Biblia dice: *"Todos los que son guiados por el Espíritu de Dios"*, no "todos los que son guiados por vellones (señales)" (Romanos 8:14). Las personas en el Antiguo Testamento no tenían al Espíritu de Dios habitando en ellos, así que Dios les hablaba por cosas como vellones (señales) Personalmente no promuevo vellones (señales) a los creyentes del Nuevo Testamento. Creo que están bien, pero asegúrese de que usted se está dejando dirigir ultimadamente por la Palabra y el testimonio interior. Un vellón o señal es del ámbito físico, y usted no quiere verse operando en ese ámbito. Hemos sido llamados a vivir y a caminar en el Espíritu.

Lisa: Quisiera añadir a lo que dijiste. Todas estas respuestas están de acuerdo con el ámbito espiritual. También hemos hecho algo bien claro; que si usted ve a su hermano en necesidad, no cierre su corazón (vea 1 Juan 3:16-18). Algunas veces no se necesita una voz del cielo. Lo que se necesita es ver o escuchar de una necesidad.

Cuando escuchamos lo que estaba sucediendo con nuestros libros, que la gente los estaban deshojando y pasando las hojas a otros, dijimos: "Vamos a responder".

John: Cuando escuché sobre el tráfico de niñas, Dios no me habló, pero dije: "Lisa, tenemos que ayudar".

Lisa: Lo leí en una revista. Lo vi cuando estaba fuera del país. Algunas veces las personas están buscando un trance, una visión o un sueño, cuando la Biblia dice: *"ve a su hermano tener necesidad"*.

John: *Si tú ves a tu hermano en necesidad.*

Lisa: Y comenzamos con nuestro hermano o hermana en necesidad. Comenzamos con los cristianos en necesidad. Comenzamos con aquellos que podemos ver literalmente, los que podemos tocar, aquellos cuyas voces podemos escuchar, y no podemos cerrar nuestro corazón. He podido ver que cuando respondemos a lo que vemos en el ámbito natural, Dios nos confía con más del ámbito espiritual, porque Él dice: Puedo ver que has sido fiel con esto. Puedo confiarte un poco más del ámbito de la fe.

Respuestas adicionales de parte de John

Pregunta: ¿Cómo se blasfema contra el Espíritu Santo?

228   EL ESPÍRITU SANTO

John: Las referencias de Jesús acerca de la blasfemia contra el Espíritu Santo pueden encontrarse en Mateo 12:22-32, Marcos 3:22-30 y Lucas 12:10. En Mateo y Marcos el contexto está claro. Los líderes religiosos acusaron a Jesús de sacar fuera demonios en el nombre de Belcebú, el príncipe de los demonios. Ahí fue cuando Jesús dijo: *"Por tanto os digo: Todo pecado y blasfemia será perdonado a los hombres; mas la blasfemia contra el Espíritu no les será perdonada"* (Mateo 12:31). Por lo tanto, blasfemar contra el Espíritu Santo es hablar descaradamente mal sobre Él, particularmente acerca de las manifestaciones del Espíritu Santo como si fueran obras del maligno.

Pregunta: ¿Es bíblico orar y entonar canciones al Espíritu Santo de la misma forma que lo hacemos al Padre o al Hijo?

John: Sí, absolutamente. El Espíritu Santo es Dios. Él debe ser adorado como Dios. Juan 4:24 dice: *"Dios es Espíritu; y los que le adoran, en espíritu y en verdad es necesario que adoren"*. Yo creo que uno debe adorar y alabar al Espíritu Santo como alabas al Dios el Padre y a Dios el Hijo.

Pregunta: ¿Cómo usted sabe cuáles oraciones y/o canciones deben dirigirse al Espíritu?

John: Jesús les dijo a Sus discípulos:

> *Aún tengo muchas cosas que deciros, pero ahora no las podéis sobrellevar. Pero cuando venga el Espíritu de verdad, él os guiará a toda la verdad; porque no hablará por su propia cuenta, sino que hablará todo lo que oyere, y os hará saber las cosas que habrán de venir. Él me glorificará; porque tomará de lo mío, y os hará saber (...) Todavía un poco, y no me veréis; y de nuevo un poco, y me veréis; porque yo voy al Padre. (...) De cierto, de cierto os digo, que todo cuanto pidiereis al Padre en mi nombre, os lo dará* (Juan 16:12-14, 16, 23).

Le pedimos a Dios el Padre en el nombre (autoridad) de Jesús. Luego tenemos comunión con (quiero decir comunicar y conversar con, o hacer preguntas) el Espíritu Santo. Lo hemos discutido a través de este libro.

Pregunta: ¿Es bíblico pedirle al Espíritu Santo que "venga" a reuniones o servicios cuando Él es omnipresente?

John: Sí. La Biblia enseña de ambos la omnipresencia de Dios y Su presencia manifestada. Aprendemos de Su omnipresencia de las palabras de David:

> *¿A dónde me iré de tu Espíritu? ¿Y a dónde huiré de tu presencia? Si subiere a los cielos, allí estás tú; Y si en el Seol hiciere mi estrado, he aquí, allí tú estás. Si tomare las alas del alba Y habitare en el extremo del mar, Aún allí me guiará tu mano, Y me asirá tu diestra.* (Salmos 139:7-10)

La Biblia también dice que Dios no nos dejará ni nos desamparará (vea Hebreos 13:5). Nuevamente, esta es Su omnipresencia; Su presencia que está en todo lugar siempre.

Por el otro lado, hay una presencia de Dios manifestada. Manifestar significa traer lo invisible a lo visible, lo que no se escucha a lo que se escucha o lo desconocido a lo conocido. Dios manifiesta Su presencia cuando Él se revela a nuestros sentidos (vea Juan 14:19-24). Creo firmemente que es completamente bíblico pedirlo.

Pregunta: ¿Por qué oramos a Dios para que derrame Su Espíritu? ¿No ha hecho Él eso ya?

John: Zacarías 10:1 dice: *"Pedid a Jehová lluvia en la estación tardía"*. En la Escritura, la lluvia siempre representa un derramamiento del Espíritu Santo. Yo creo que cuando le pedimos a Dios que derrame Su Espíritu, le estamos pidiendo un derramamiento fresco en nuestras comunidades, ciudades y naciones. Esto es una mayor manifestación de Su presencia, lo cual nos da el poder para hacer Su trabajo, y dirigirnos a una mayor cosecha de almas para el Reino de Dios.

Pregunta: ¿Cómo puedo desarrollar una relación más profunda con el Espíritu Santo? ¿Cómo puedo experimentar más de Su presencia y poder?

John: Pasando tiempo con Dios y en Su Palabra. Una explicación más completa sobre cómo desarrollar intimidad con Dios la puede encontrar en los capítulos dos y tres.

230 EL ESPÍRITU SANTO

Pregunta: Si el Espíritu Santo sabe todas las cosas, ¿por qué necesitamos leer la Biblia?

John: Dios nos dio Sus inspiradas Escrituras porque:

> *Toda la Escritura es inspirada por Dios y útil para enseñar, para reprender, para corregir y para instruir en la justicia, a fin de que el siervo de Dios esté enteramente capacitado para toda buena obra* (2 Timoteo 3:16-17 NVI).

El Espíritu Santo usa esta Palabra escrita (*logos* en el griego) para traer palabra hablada (*rhema*) a nosotros. El Espíritu acelera o estimula el *logos*, y se convierte en *rhema* hablada a nosotros. Si no invertimos tiempo en el *logos*, con un corazón abierto al Espíritu, entonces es mucho más difícil que el rhema llegue. La iglesia subterránea en la China fue llena del Espíritu Santo, pero por años estaban desesperados por Biblias. Querían leer la Palabra de Dios para que el Espíritu Santo les pudiera hablar a través de ella, y hacerla viva en sus corazones. Es tan importante que usted lea la Biblia. La Palabra de Dios y el Espíritu Santo trabajan juntos. Es una asociación.

Recuerde: la Biblia contiene los misterios de Dios, y el Espíritu Santo es el que nos revela estos misterios. Si usted lee un pasaje en la Escritura sin la influencia del Espíritu, solamente podrá ver lo que el texto dice en el lenguaje humano. Pero a través del Espíritu, usted puede entender el significado espiritual del texto, el cual transciende el entendimiento humano, porque en el Espíritu tenemos la mente de Cristo.

Más bien, exponemos el misterio de la sabiduría de Dios, una sabiduría que ha estado escondida, y que Dios había destinado para nuestra gloria desde la eternidad. Ninguno de los gobernantes de este mundo la entendió, porque de haberla entendido, no habrían crucificado al Señor de la gloria. Sin embargo, como está escrito:

> *Ningún ojo ha visto, ningún oído ha escuchado, ninguna mente humana ha concebido lo que Dios ha preparado para quienes lo aman* (1 Corintios 2:9 NVI).

Ahora bien, Dios nos ha revelado esto por medio de su Espíritu. Pues el Espíritu lo examina todo, hasta las profundidades de Dios. En efecto,

¿quién conoce los pensamientos del ser humano, sino su propio espíritu que está en él? Así mismo, nadie conoce los pensamientos de Dios, sino el Espíritu de Dios. Nosotros no hemos recibido el espíritu del mundo, sino el Espíritu que procede de Dios, para que entendamos lo que por Su gracia Él nos ha concedido. Esto es precisamente de lo que hablamos, no con las palabras que enseña la sabiduría humana, sino con las que enseña el Espíritu, de modo que expresamos verdades espirituales en términos espirituales. El que no tiene el Espíritu no acepta lo que procede del Espíritu de Dios, pues para él es locura. No puede entenderlo, porque hay que discernirlo espiritualmente. En cambio, el que es espiritual lo juzga todo, aunque él mismo no está sujeto al juicio de nadie, porque:

> *"¿quién ha conocido la mente del Señor para que pueda instruirlo?" Nosotros, por nuestra parte, tenemos la mente de Cristo* (1 Corintios 2:16 NVI).

Pregunta: Mi iglesia está seca. ¿Qué puedo hacer como miembro individual para traer más del Espíritu en ella?

John: A menos que usted sea un líder en su iglesia, lo único que puede hacer es orar. Primero, invite al Espíritu en su vida, para que así usted pueda traer a la iglesia Su presencia manifestada. Segundo, pida que Dios mueva los corazones de sus líderes para que sean más abiertos a la presencia manifestada del Espíritu Santo.

Preguntas de discusión

Si está usando este libro como parte de la serie *Messenger* sobre el Espíritu Santo, por favor remítase a la sesión 6 del video.

1. Todos los creyentes tienen la capacidad de operar en los dones espirituales. ¿Cómo podría verse el operar en estos dones fuera de los ambientes "ministeriales" formales?

_____

_____

_____

2. Cuando usted cree que Dios le está dando paz con respecto a una decisión, ¿qué le da confianza en que está escuchando de parte de Él?

_____

_____

_____

3. ¿Le ha hablado alguna vez el Espíritu Santo por medio de su cónyuge en lugar de hablarle directamente a usted? ¿Por qué cree que Él escoge obrar de ese modo, y cómo puede recibir esa dirección para su vida?

_____

_____

_____

4. Cuando necesita tomar decisiones importantes y parece que no puede obtener dirección, ¿qué puede hacer?

Lea Proverbios 11:14, 15:22, 24:6; y Romanos 8:26-27.

_____

_____

_____

5. ¿Cree que Dios sigue hablando a las personas hoy día? ¿Cómo le ha hablado Él a usted?

Notas

Notas

APÉNDICE

Cómo recibir la Salvación

Si declaras abiertamente que Jesús es el Señor y crees en tu corazón que Dios lo levantó de los muertos, serás salvo. Pues es por creer en tu corazón que eres declarado justo a los ojos de Dios y es por declarar abiertamente tu fe que eres salvo (Romanos 10:9-10 NTV).

El Espíritu Santo anhela tener comunión con usted en todo momento, animándole y equipándole para que conozca a Dios y avance Su Reino. Pero el primer paso para una vida de intimidad con el Espíritu de Dios es recibir salvación a través de Su Hijo, Jesucristo.

A través de la muerte y resurrección de Jesús, Dios abrió un camino para que usted entrara a Su Reino como un hijo amado o una hija amada. El sacrificio de Jesús en la cruz le dio acceso a una vida libre, abundante y eterna. La salvación es un regalo de Dios para usted; usted no puede hacer nada para ganárselo o para merecerlo.

Para recibir este precioso regalo, primeramente tiene que reconocer el pecado de vivir sin la dependencia de su Creador (ya que esta es la raíz de todos los pecados que usted haya cometido). Este arrepentimiento es una parte vital para recibir salvación. Pablo lo hizo claro el día donde 5,000 personas fueron salvas en el libro de los Hechos: *"Así que, arrepentíos y convertíos, para que sean borrados vuestros pecados;"* (Hechos 3:19). La Escritura declara que cada uno de nosotros nacimos siendo esclavos del pecado. Esta esclavitud está basada en el pecado de Adán, quien comenzó el patrón de una independencia negligente. El arrepentimiento es la decisión de caminar alejándose de la obediencia a usted mismo y Satanás, el padre de las mentiras, y dirigirse en obediencia a su nuevo Maestro, Jesucristo, el que dio Su vida por usted.

Usted tiene que darle a Jesús el señorío de su vida. El hacer a Jesús "Señor" significa que usted le cede toda su vida (espíritu, alma y cuerpo) a Él; todo lo que usted es y tiene. La autoridad de Él sobre su vida viene a ser absoluta. En el momento que usted hace esto, Dios lo libera de la oscuridad, y lo transfiere a la luz y gloria de Su Reino. Usted simplemente pasa de muerte a vida. Usted viene a ser Su hijo.

Si usted quiere recibir salvación a través de Jesús, ore estas palabras:

Dios que estás en el cielo, yo reconozco que soy pecador y he fallado al no vivir justamente de acuerdo a Tus normas. Yo merezco ser juzgado por la eternidad a causa de mi pecado. Gracias por no dejarme en este estado, porque yo creo que enviaste a Jesucristo, Tu Hijo Unigénito, el cual nació de la virgen María, para morir por mí y llevar mi sentencia en la Cruz. Creo que resucitó al tercer día y ahora está sentado a Tu diestra como mi Señor y Salvador. Así que en este día, me arrepiento de mi independencia de Ti, y doy mi vida entera al señorío de Jesús.

Jesús, te confieso como mi Señor y Salvador. Ven a mi vida a través de Tu Espíritu y hazme un hijo de Dios. Yo renuncio a las cosas de la oscuridad a las cuales me aferré, y de hoy en adelante no viviré para mí; sino que por Tu gracia, viviré para Ti, el que se dio a sí mismo para que yo pudiera vivir para siempre.

Gracias Señor; mi vida está ahora completamente en Tus manos y de acuerdo a Tu Palabra, nunca más seré avergonzado.

¡Bienvenido a la familia de Dios! Le animo a compartir estas noticias con otro creyente. Es importante también que busque una iglesia local que crea en la Biblia y se una. De esta manera podrá conectarse con otros que le podrán animar personalmente y en su nueva fe. Siéntase en la libertad de contactar nuestro ministerio para ayudarle a encontrar una iglesia en su área. Visite *MessengerInternational.org.*

Usted acaba de lanzarse en una de las jornadas más extraordinarias para la intimidad con el Dios Altísimo. ¡Deseo que pueda crecer en amistad con Él cada día!

NOTAS

Capítulo 1

1. James Strong, vol. 1, *A Concise Dictionary of the Words in the Greek Testament and The Hebrew Bible*, p. 44 (Bellingham, WA: Logos Bible Software, 2009) (citado a partir de aquí como Strong's Concise Dictionary).

2. W. E. Vine, Merrill F. Unger y William White, Jr., vol. 2, *Vine's Complete Expository Dictionary of Old and New Testament Words*, 29 (Nashville, TN: T. Nelson, 1996) (citado a partir de aquí como Vine's Expository Dictionary).

3. Ibid., p. 111.

4. Rick Renner, *Sparkling Gems from the Greek* (Tulsa, OK: Teach All Nations, 2003), p. 737 (citado a partir de aquí como Sparkling Gems).

5. Ibid., p. 26.

Devocional del Capítulo 1

1. A.W. Tozer, *A Treasury of A.W. Tozer* (Harrisburg, PA: Christian Publications, Inc., 1980) pp. 290- 291.

2. Ibid, pp. 295-296.

3. Andrew Murray, "The Holy Spirit In The Family", *Herald of His Coming*, Febrero de 2013, p. 8.

4. Lester Sumrall, *Spirit, Soul & Body* (New Kensington, PA: Whitaker House, 1995) p. 113.

5. R.A. Torrey, "The Holy Spirit's Power in the Believer", véase nota 3, p. 1.

Capítulo 2

1. Spiros Zodhiates Th.D., ed., *The Complete Word Study Dictionary: New Testament* (Chattanooga, TN: AMG Publishers, 1992), s.v. "metochos".

Devocional del Capítulo 2

1. Henry T. Blackaby & Clause V. King, *Experiencing God* (Nashville, TN: Broadman & Holman Publishers, 1994) pp. 86-87.

2. Ibid., p. 87.

3. Ibid., pp. 87-88.

4. Brother Lawrence, *The Practice of the Presence of God* (New Kensington, PA: Whitaker House, 1982) pp. 61, 65.

5. Ibid., p. 37.

6. Ibid., pp. 41, 46, 47, 49.

7. Kathryn Kuhlman, *The Greatest Power in the World* (North Brunswick, NJ: Bridge-Logos Publishers, 1997) p. 122.

8. *Sparkling Gems*, p. 116.

Devocional del Capítulo 3

1. Francis Frangipane, *Holiness, Truth and the Presence of God* (Cedar Rapids, IA: Arrow Publications, 1999) pp. 56-57.

2. Ibid., pp. 58-59.

3. Véase Romanos 1:17; 2 Corintios 3:18.

4. C.H. Spurgeon, *All of Grace* (New Kensington, PA: Whitaker House, 1981) p. 115.

5. Jeanne Guyon, *Experiencing the Depths of Jesus Christ* (Jacksonville, FL: SeedSowers Publishing, 1975) p. 3.

6. Ibid., p. 11.

Capítulo 4

1. Rick Renner, *The Dynamic Duo: The Holy Spirit and You*, (Lake Mary, FL: Charisma House, 1994) p. 105.

2. Joseph Henry Thayer, *A Greek-English Lexicon of the New Testament: Being Grimm's Wilke's Clavis Novi Testamenti*, (New York: Harper & Brothers, 1889) p. 509.

3. M. G. Easton, *Easton's Bible Dictionary* (New York: Harper & Brothers, 1893).

Devocional del Capítulo 4

1. Véase Éxodo 3:2-4; 13:21; 14:24; Salmos 78:14.

2. Charles Spurgeon, *The Power in Praising God* (New Kensington, PA: Whitaker House, 1998) p. 31.

3. Joseph Henry Thayer, D.D., *Thayer's Greek-English Lexicon of the New Testament* (Grand Rapids, MI: Baker Book House, 1977) p. 517, adaptado.

4. Smith Wigglesworth, *Ever Increasing Faith* (Springfield, MO: Gospel Publishing House, 1971) pp. 96-97.

5. Reinhard Bonnke, *Living a Life of Fire* (Orlando, FL: E-R Productions LLC, 2009) p. 237.

6. Ibid., pp. 274, 369.

7. Watchman Nee, *Let Us Pray* (New York, NY: Christian Fellowship Publishers, Inc., 1977) p. 71.

8. Kathryn Kuhlman, *The Greatest Power in the World* (North Brunswick, NJ: Bridge-Logos Publishers, 1997) p. 79.

Capítulo 5

1. Spiros Zodhiates Th.D., ed., *The Complete Word Study Dictionary: New Testament* (Chattanooga, TN: AMG Publishers, 1992), s.v. "mysterion".

2. Johannes P. Louw y Eugene Albert Nida, vol. 1, *Greek-English Lexicon of the New Testament: Based on Semantic Domains*, ed. electrónica de la 2a edición., (New York: United Bible Societies, 1996) p. 383.

3. *Strong's Concise Dictionary*, 51.

Devocional del Capítulo 5

1. Kenneth E. Hagin, *Why Tongues?* (Tulsa, OK: Rhema Bible Church, 1975) pp. 14-16.

2. Oswald Chambers, *My Utmost for His Highest* (Uhrichsville, OH: Barbour Publishing, Inc., 1997) p. 155.

3. Ibid.

Capítulo 6

1. *Vine's Expository Dictionary*, 585. Véase nota bajo esta entrada que habla de la diferencia entre *teknon* y *huios*.

2. *Noah Webster's First Edition of an American Dictionary of the English Language* (San Francisco: Foundation for American Christian Education, 1967, 1995), p. 113.

Se pueden bajar recursos adicionales en

www.CloudLibrary.org